媒　介　文　化　研　究　丛　书

文化街区媒介意义研究

A study of the significance of cultural neighborhood media

鲍海波　童　妍　著

世界图书出版公司
西安　北京　上海　广州

图书在版编目(CIP)数据

文化街区媒介意义研究 / 鲍海波，童妍著. —西安：世界图书出版西安有限公司，2021.11(2022.11 重印)
ISBN 978-7-5192-9045-0

Ⅰ. ①文… Ⅱ. ①鲍… ②童… Ⅲ. ①文化产业—研究—西安 Ⅳ. ①G127.411

中国版本图书馆 CIP 数据核字(2021)第 219234 号

文化街区媒介意义研究
WENHUA JIEQU MEIJIE YIYI YANJIU

著　　者　鲍海波　童　妍
策划编辑　赵亚强
责任编辑　符　鑫
特约编辑　鲍柳康
出版发行　**世界图书出版西安有限公司**
地　　址　西安市锦业路 1 号都市之门 C 座
邮　　编　710065
电　　话　029-87214941　029-87233647(市场营销部)
　　　　　029-87234767(总编室)
网　　址　http://www.wpcxa.com
邮　　箱　xast@wpcxa.com
经　　销　新华书店
印　　刷　西安浩轩印务有限公司
开　　本　787mm×1092mm　1/16
印　　张　14.5
字　　数　200 千字
版　　次　2021 年 11 月第 1 版
印　　次　2022 年 11 月第 2 次印刷
书　　号　ISBN 978-7-5192-9045-0
定　　价　48.00 元

前　言

文化街区是以某种特有文化形态为主导的以吸引人们前往观赏并分享其文化观念的特殊区域。它既可以是饱含深厚历史文化底蕴的历史文化街区，也可以是具有丰富多彩的原生态民间习俗的民俗文化街区，还可以是在原有的生活或生产场所基础上改建而成的新型文化艺术街区等。近些年来，各种文化街区如雨后春笋般遍布各地，也上演着其文化吸引力的潮起与潮落。从媒介文化视域关照文化街区，将其视为空间媒介并阐释其媒介意义，既体现了文化街区可以自我赋能，也可显现出其中独有的文化意蕴。因此，对文化街区的现实关照就成为文化研究者的现实担当与重要职责。

为此，我们选取了古城西安几个具有典型性和代表性的文化街区作为研究对象。例如，将远古历史与现代艺术嫁接的半坡国际艺术区，由现代纺织工业基地转型为织梦空间的“大华·1935”，从现代钢铁企业陕钢厂蝶变为网红打卡地的老钢厂设计创意产业园，还有建国门老菜场、叁伍壹壹、西影电影圈子、量子晨潮流街区、唐风流韵的大唐不夜城以及袁家村等。与其他研究的理论框架或学术视域不同，我们的研究着重关注这些文化街区的媒介意义，即作为空间媒介的文化街区的自身媒介属性、媒介功能及其媒介作用的有效发挥等。此外，我们的研究还将文化街区视为重要的社会文化空间，以探析其在现代社会的空间生产与再生产。同时，作为重要的社会文化空间，文化街区也会随着社会历史发展或社会结构的变化形成一定的现实文化场景或文化乌托邦。

我们的研究结果或许会给予文化街区的创办者和建设者以某种程度上的启发，从而使他们认识到文化街区并非是文化与街区的简单叠加，而是在某一限定区域内生发或彰显出文化的独特性和深厚性，并以其特有的文化品位与文化风格滋养前来观赏的人们。

当然，我们的研究作为初步的探索，难免会有许多疏漏之处。学术理想与学术实践在现实之中的巨大差距，也只能在不断地辛勤耕耘中逐步缩小。

在接下来的研究工作中，我们会一如既往地关注媒介现实，关注媒介文化，关注这个时代中的一切！

目　录

第一章　意义场景与文化乌托邦：半坡遗址与印染厂的文化互构

半坡国际艺术区位于西安市灞桥区。作为众多文化街区改造项目之一，其独特之处就在于将自由纯粹的现代艺术、源远流长的远祖文化以及硬朗独特的工业文明结合于一地。随着城市转型发展中的大规模城市建设不断增多，城市历史文化的溯源和工业文化遗产的保护与再利用问题变得十分突出，但这些都完美地体现了人类文明的发展，并且具有一定的教育意义和政治、经济价值。在半坡文化遗址和中苏共建的印染厂中，特殊的地理因素和文化背景赋予了这一文化街区深厚的历史内涵和可观的发展前景，不同的文化互相叠加、融合，建构出全新的文化体验。

建设初期，设计开发者本着建立一个艺术理想国的初心，希望将这一废旧的印染厂改造成聚集艺术家的理想社区，以一种略带边缘化但活力无限的现代艺术感染这座城市。然而商业资本的入驻冲淡了街区原有的浓烈的艺术气息，街区艺术的整体呈现效果也未达到理想的目标，这种来自艺术与资本间的博弈与较量始终难分胜负。或许只有达到二者共生，方可继续建构这个文化乌托邦。

本章将对半坡国际艺术区的历史及其工业遗产保护进行解读，分析半坡文化符号在工业艺术园区建设中存在的保护与再利用问题，并针对半坡国际艺术区中所反映出的文化乌托邦现象提出相应的应对策略，希望可以为今后的历史工业文化遗产保护与再利用工作提供一定的参考价值。

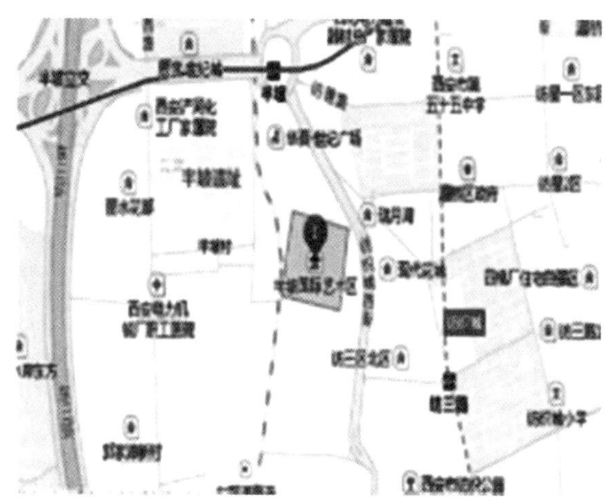

图 1-1　半坡国际艺术区地图

图 1-2　半坡国际艺术区俯瞰绘制图

一、人类远祖历史文明遗迹与现代工业原址相结合

渭河流域，因其特殊的地理位置、适宜生存的地貌气候一直深受各界学者的研究关注，这条古河在漫长的变迁演化过程之中，诞生了新石器时代的仰韶文化。①

仰韶时期的半坡文化以远古遗址的形式为如今的半坡国际艺术区注入了深厚的历史人文底蕴。

同时，原西北第一印染厂也在半坡文化遗址上重现过光辉，是国内第一家自行建造的大型印染厂，于 20 世纪 60 年代投产。但改革开放后，西部地区的纺织业逐年减产并走向没落，西北第一印染厂也变成一片废弃的工业区。现如今，悠久的历史人文情怀与工业遗址的硬朗相结合，共同形成了兼具人文风和工业风的半坡国际艺术区。

（一）追溯半坡遗址历史渊源

位于西安市灞桥区纺织城西街 238 号的半坡国际艺术区，曾经是纺织城工业与文化综合发展典型性的社会区域，紧邻半坡遗址以及大华国际商业街区等现代街区。早在 20 世纪 60 年代，西安就建成了全国知名的纺织城，这里作为当时西安最繁华的区域，有着“小香港”的美誉。

“半坡”二字的丰富内涵，不仅在于西北第一印染厂的工业文化发展脉络，更能追溯至新石器时代的史前文化遗址——半坡遗址。半坡遗址是距今 6000 多年的史前大型聚落遗址，发掘于西安市灞桥区浐河东岸的一片台地之上。作为仰韶文化的半坡类型是渭河中下游地区中历史最为悠久的一种地方类型，这种类

①陕西省考古研究院史前考古研究部. 陕西史前考古的发现和研究[J]. 考古与文物，2008(6)：17－65，95.

型以陕西省西安市半坡遗址的早期遗存为代表，并以此命名。①

在我国考古工作者不断深入发掘和调查研究中，1953 年春季，半坡遗址才得以重见天日，中国科学院考古研究所的研究员们先后在此进行了五次大规模发掘。发掘之后展现在世人面前的是此前从未有过的典型新石器时代仰韶文化及其原始母系氏族部落的社会经济形态、组织文化以及生产生活等内容十分丰富的文化遗址。

图 1-3 半坡人独特的刻字符号

图 1-4 半坡人生活智能复原影像

①傅一培. 半坡类型彩陶纹样文创产品设计实践研究[D]. 苏州：苏州大学，2020.

仰韶文化时期处于新石器时代的中晚期阶段，是由原始的母系氏族社会向父系氏族社会逐渐过渡的一个特殊阶段。当时的半坡先民们在黄河及其支流流域定居，生活在依山傍水的自然地理环境中，具有得天独厚的渔业资源和狩猎资源。再加上先民们懂得饲养家畜、培育农作物，相较于其他区域生活更为稳定。

半坡先民不仅可以制造鱼钩、鱼叉等工具，还学会了烧制陶器。远古的先民们选择了这样适宜的环境进行繁衍。丰富的物质基础给文化、艺术生活的产生和精神世界的构建提供了经济上的支撑与保障，激发了先民们较为强烈的精神文化需求。他们以勤劳、智慧创造出了灿烂辉煌的史前文化。半坡遗址中最引人注目的半地穴式房屋，现已被证明在史前村落中广泛存在，是远古时代标志性的北方房屋建筑。在尚未出现书面文字的远古时代，这些房屋遗迹展现了当时的半坡先民们如何亲手建设自己的家园，又如何在这片土地上生活。这些大大小小的房屋聚落说明了当时的半坡人已经具有一定的领地规划和安全意识。

同时，发掘出土的大量彩陶制品，有饮水盛食者，还有炊煮贮藏者。陶器上多绘制鲜艳夺目的纹饰，以鱼纹纹饰最为出众。可以看出当时的制陶工艺已经有了较高的水准，这些发现引发热烈讨论的同时，也为研究远古先民的生产活动、丧葬习俗、文化艺术提供了强有力的佐证。

（二）半坡博物馆串联起史前文化与工业旧址

遗址作为一种特有历史的遗存，是一定时期历史文化重要的记录、保存方式和载体。建立遗址博物馆是保护遗址的最佳方式。在半坡遗址保护性发掘的基础上建成的西安半坡博物馆，于1958年4月正式对外开放，是新中国第一座史前聚落遗址博物馆，自开馆以来累计接待中外游客三千余万人次。半坡遗址以及西安半坡博物馆在中国乃至全世界考古学和博物馆学领域都具有不可替代的重要地位。

在开馆之初，半坡博物馆就以其独特的历史、文化、科考价值吸引了国内外众多游客和学者。以国有性质、计划经济为背景的建国初期，博物馆有着非常稳定平和的发展环境，景区管理也具有前瞻性与创新性。在“文化大革命”期间，半坡博物馆的管理层将经营性质的博物馆转变为考古专业基地。此举成功地保护了场馆的完整性，并受到国家的重视。半坡博物馆成为当时为数不多正常开放的景区。1978 年以后，随着半坡博物馆社会影响力不断增强，馆内开始逐步尝试文化旅游方面的创新。1993 年，西安半坡博物馆与香港（新勇）中国投资有限公司合作兴建了半坡母系氏族村，将一系列史前狩猎文化与远古歌舞生活情景融于其中，再现了人类母系氏族社会景观。

1997 年，半坡博物馆面临外部公司投资逐渐减少甚至撤资，以及周边各类新型旅游景点逐渐建成与开放的问题。内外双重夹击之下，博物馆进入开馆以来最艰难的转折时期，最明显的表现就是游客数量开始不断下降。在这一时期，馆内多处建筑未能好好修缮，半坡博物馆又因年份已久，建筑自然老化发生了多起木质结构自燃、部分建筑坍塌的事故。2004 年至 2006 年期间，博物馆开始闭馆整修。半坡博物馆仅仅依赖原有遗址资源来获取游客门票收入的发展路径，在长达半个多世纪后，已经难以适应当下的旅游市场以及游客需求。在馆内硬件设施尚不完善、周边环境混乱、发展形势单一等多重因素的影响下，半坡博物馆游客量急剧下降，景区发展停滞不前，甚至面临国家级博物馆评选降级的状况。

在半坡博物馆的后续发展面临重重困难的关键时刻，灞桥区政府开始着手联合多家企业、事业单位，对毗邻的纺织城工业老厂区进行整体改造和修补。在这一基础上建成了半坡国际艺术区，试图打造以半坡遗址文化为核心的半坡遗址公园。集远古遗址保护、现代工业文化、当代休闲娱乐为一体的城市创意产业集群正在快速形成、发展，半坡博物馆获得了新的生机。

（三）半坡国际艺术区的工业文化

1953年，在国家“一五”计划的推动之下，西安东郊建立起以纺织工业为核心的工业厂区，其中就包括西北第一印染厂。1955年以后，随着传统工业的衰败和新产业的兴起，原纺织城区域的发展日渐衰落，工厂被迫关闭，留下大量荒废的工业厂区。在这样的历史背景下，为了让纺织城重现生机活力，西安市政府联合灞桥区政府编制了针对纺织城发展的《西安市灞桥区纺织城分区规划（2008—2020）》（以下简称《规划》）。文件内容主要包括：纺织城核心区面积约5.3平方千米，拥有陕西唐华一印有限责任公司和唐华三、四、五、六厂等纺织企业，以及红旗水泥厂和延河水泥机械厂等企业。《规划》以纺织城为核心，分析区位、文化优势，准确定位纺织城片区的产业结构类型，调整、优化空间结构，使纺织城成为西安经济发展新的增长点。《规划》提出的总体发展思路为：规划初步形成以文化创意、会议展览、自然景观为主的纺织城文化片区，挖掘优秀的工业文化，逐步疏散纺织城内原有的纺织工业，打造以轻型产业为主的文化生态片区。

半坡国际艺术区的工业文化见证了西安这座城市的发展，承载了劳动人民的物质和精神文化。区域内部的信息存档、建筑特征、工艺元素等都是宝贵的工业文明遗产。

其一，苏式工业厂房的建筑价值是半坡工业文化遗产的结晶。半坡国际艺术区内的建筑物是苏联援助的第一批工业建筑。其中包含了中国人在苏联专家的帮助下自行建设的第一个大型印染厂，建设工程引进了当时先进的苏联技术，厂区内建筑物的造型与形式极具典型的“苏式”建筑风格，是对特殊历史时期的一种工业化具象见证。

其二，老工业基地的人文价值是西安地域内独特的人文价值。西北第一印染厂作为中国重要的纺织工业遗存，蕴含着老工业基地的开拓进取精神。曾经作为全国重点纺织工业基地的辉煌历史时期令人缅怀不已，现存工业厂房已经成为纺织城社会文化的重要组成部分。

图 1-5　馆内展览的 1511G 型织布机

半坡国际艺术区的建设以保留原西北第一印染厂的核心厂区为主，对厂区周边的建筑物有针对性地加以改造或新建。最终，形成了一个传承工业遗产记忆、展现当代创意艺术、构建文化产业相关配套设施的文化创意产业聚集区，充分体现了工业文明的进程与发展，既保留了历史记忆，又满足了全新的功能要求。

二、文化符号的展示

文化符号是地区特色中历史、人文风情以及地理环境的凝聚，随着时代变化，地区下的文化在不断更新，在城市建设、空间设计中，合理运用地域文化符号，是发展地域文化的重要手段。① 同时，地域文化以符号的形式出现，以地域特色为基础，以展示空间为载体，更有利于意义场景与文化乌托邦的建构。在半坡文化街区，地域文化符号在街区空间中的展示、呈现、应用，对其文化价值的实现具有十分重要的意义。

①邓晓瑞. 基于地域文化的博物馆空间设计研究——以山西博物院为例[D]. 呼和浩特:内蒙古师范大学,2019.

（一）工业文化遗产的符号及其价值表征

半坡国际艺术区位于西安市灞桥区纺织城西街238号的厂区中，距离西安市东郊纺织城很近。西北第一印染厂是在苏联建筑专家西皮良柯夫的帮助下，由中国设计与建设的。该厂于1955年10月批准建设，同年11月由纺织工业部设计院进行设计，1960年7月开工建造，项目总占地12.47万平方米，总建筑面积5万平方米，锯齿厂房面积3万平方米，是我国“一五”计划期间的重点建设项目。

城市工业遗产作为一座城市在发展过程中留下的产物，反映的是不同时期、不同地区的经济发展状况，以及当前社会中人们的生活方式，两者共同构成了城市记忆的载体，是不可以被替代的。① 当城市文化遗产不再拥有城市功能时，它就会逐渐衍生出人文主义精神。一言以蔽之，不具有社会工业属性的工业文化遗产其实更强调其本身具有的文化属性，侧重于蕴含的人文精神，而并不仅仅是一座城市的装饰品。

西北第一印染厂作为工业遗产型文化创意产业园区的一种，与上述描绘的特征具有一定的相似性。对于参与园区活动的城市群体而言，工业遗产的文化属性对于群体思想意识有所反映，同时也作用于当下社会，对其进行了文化属性的解析架构。西北第一印染厂所体现的思想意识、携带的价值取向和形成的文化符号正在不断对园区的发展产生影响，例如现今园区内的商业模式和人文景观特色。因此，工业遗产文化创意中的园区文化价值符号会影响园区人文景观的建设。

对于工业遗产类的园区，聚焦的中心仍停留在园区的综合商业化开发上。但随着艺术介入生活和社会的可持续发展理念深入人心，不少城市在工业遗产的保护和开发上也遵从这一理念，学习国外的改造经验与建设模式，并形成自己的风格。例如，由原798电子工业厂改造而成的798艺术区，上海市普陀区改造的M50创意

①阮仪三，林林. 文化遗产保护的原真性原则[J]. 同济大学学报（社会科学版），2003，14(2)：1－5.

园，台北华山1914文创园等，改造数量还在不断增加。总之，将当地文化艺术融入工业遗产，能为工业园区的可持续发展带来活力，为艺术家提供适宜的创作环境。以互动的形式集中展现城市记忆，有利于塑造新型城市形象，传承地方历史文脉，提高大众艺术鉴赏力，促进社会的和谐发展。并且，这些艺术园区逐渐成为地区文化的新地标，已经成为工业遗产在新时代再生的一种重要途径。

作为工业文化遗产中的符号价值凝练，对园区所承担的核心价值呈现进行梳理，工业遗产文化艺术产区品牌形象的定位建设是价值体现的重点。半坡国际艺术区的“工业遗产文化”影响着园区内景观的设计与建造。① 对工业价值符号的凝练、工业文化的提取和加工转化是半坡国际艺术区设计建造的必经之路。在

图1-6 园区著名地标——民国时期的火车头

工业遗产加工创意的过程中，将地域工业遗产的工业元素进行尝试性解构与重构，以园区景观、公共家具为载体，将工业文化因子植入空间环境中，以解决工业遗产和当代文创设计的互动问题。②

西北第一印染厂在工业遗产改造的过程中，充分利用了半坡国际艺术区体现

①俞孔坚，方琬丽. 中国工业遗产初探[J]. 建筑学报，2006(8)：12－15.

②乔治. 工业遗产的价值链重构与景观活化——以西北第一印染厂半坡国际艺术园区改造为例[J]. 中国园林，2017，33(10)：96－100.

出来的工业遗产文化符号和当代艺术区建造风格，将园区内已存在的工业文化价值，与园区当前的建设开发进行融会贯通。西北第一印染厂拥有一系列独特的工业遗产，给予园区开发、设计、思考、建造的空间，能够形成园区特有的价值文化风格，进而实现工业艺术园区整合，形成集文化娱乐、工业旅游和文化符号传播为一体的文化闭环，极大地提高了园区的综合收益。

工业文化遗产的存在一直都是一座城市独具特色的文化内涵，同时也是城市文化品质的生动体现。对工业文化遗产开展保护与再利用工作不仅可以培育出城市发展的一种新模式，还可以彰显城市发展特色。① 但是工业文化遗产在保护与再利用方面还存在着许多问题，需要在实践的过程中不断完善保护与再利用的方式。通过不断推进工业文化遗产的保护与再利用工作，达到改善群众生活及居住环境的目的，促进城市的可持续发展。

（二）地域历史语境中的文化符号

符号是“能指”与“所指”的统一，符号的形式与内容具有不可分割性。在地域文化的背景下，文化符号恰好就是地方文化的形式所在，反映了当地地域历史文明。因此，地域文化符号就是在特定的地理与历史条件下，受到当地地域群体的影响长时间积累，与本地的社会、生活融为一体的独具特色的文化所形成的一种载体。文化符号具有与众不同的内涵，是潜移默化、约定俗成的，具有强烈、鲜明的代表性，并且内涵丰富。地域文化符号是民族乃至国家独特文化的抽象体现，是地域时间轴中积聚的文化内涵的载体和反映。②

半坡文化是黄河中游地区新石器时代仰韶文化的组成部分之一，距今已有6800年至6300年的历史。据考证，历史上半坡村的原住民采取了耕作定居的生活方式。在村落中，以氏族或部落进行划分，同时根据生产水平和生产资料的

①贾媛媛. 后工业景观设计方法研究——以西安半坡国际艺术区为例[D]. 西安：长安大学，2017.

②范程程，宋泽华，周博文. 地域文化符号在展示空间设计中的应用研究——以“聚焦”徽州建筑文化展馆空间设计为例[J]. 大众文艺，2020(11)：61－62.

条件，组成了在经济、政治、文化上无差别的原始社会。在半坡居住区周围建造壕沟，用来防止野兽的侵害，居住区中的房屋分为方形或圆形的地面建造和半地穴式两种。每一座房屋中心都建有长方形大屋，便于氏族进行集体活动。

在半坡文物出土的过程中，考古学家发掘出了多种农具、渔猎工具。工具的出土生动形象地反映出半坡居民的生活，农业和渔猎占据了很大比重，结合了北方农耕文化与南方渔猎文化的特征，具有典型代表性。半坡文化中，成人去世后统一葬入公共墓地。在当前已出土的两座同性合葬墓中，分别埋有两个男子和四个女子，这成为母系氏族社会葬俗的证明，说明当时“母系氏族社会”具有一定的影响力。

街区调研中，作为文化街区文化价值符号象征的半坡文化在园区内随处可见，构成了具有明显代表意义的地域文化。放在历史文化的大背景下，半坡文化是园区后续发展的精神基石，是印染厂、半坡文化园区建造的重要文化符号。将地域文化符号应用到园区的设计中，深度挖掘当地的历史人文，对地域文化符号进行选择和应用是很重要的。半坡文化具有丰富的文化内涵。其中，半坡仰韶文化遗址最具代表性的彩陶物件已经成为半坡文化的价值符号，红地黑彩，花纹简练朴素，绘有人面、鱼、鹿、植物枝叶及几何形纹样。人面鱼纹图具有十分神秘的意义，反映了半坡先民的祖先崇拜、生殖崇拜和鱼图腾崇拜现象，也可以作为洱鱼巫师的形象载体。同时，这种绘画在半坡文化中也具有一定的装饰作用。

将文化符号与园区的整体功能巧妙融合，与西北第一印染厂的工业遗产风格相结合，具有历史与现代科技、文化融为一体的独特美感。传统与现代产生碰撞，别具风格。地域文化符号是历史文化的凝聚。在半坡文化园区的建设中，对地域文化符号进行了合理搭配，相关园区的设计中，也突出了文化氛围。

（三）文化符号在空间中的融合呈现

随着经济全球化，世界各地文化逐渐趋同，文化的呈现形式逐渐千城一面，例如成都的锦里，北京的南锣鼓巷，天津的古街和西安的回民街。虽然这些文化街区都具有自己的文化符号，但是在园区空间规划中仍然呈现出很多的相似点。文化的趋同性和商业性代替了文化固有的价值符号，地域的限制非但没有打破，对地域文化的后续发展也产生了冲击。

图 1-7　杨贵妃与兵马俑的跨时代建构

半坡国际艺术区在展馆的设计开发中，既体现了半坡文化独特的内涵，又满足了工业遗产保护的时代需求，整体呈现了文化的融合建构。研究者在调研中发现，半坡国际艺术区具有划时代意义的工业遗产景观风貌。厂房中有很多由苏联援建的“苏式”工业风格的建筑，以及中苏元素相结合的产物，可以体现出当时的社会风采。这些老旧厂房蕴含着独特的纺织工业文化景观，文创产业中体现了半坡文化的历史特色。这些工业历史遗产吸引了大量艺术家聚居在废旧工业地带，在原有基础上进行艺术创造，给城市留下了工业时代的文化印记。

了解发现，半坡国际艺术区当前的总体规划遵循了保护利用为主，整理改造为辅，以及少量补充兴建的原则。园区内现由公共艺术广场、艺术创意区、综合艺术区、艺术主题街区和艺术配套街区五大板块构成。不同园区能相应反映出园区整体拥有的历史脉络、艺术文化、建筑空间以及休闲生活娱乐等功能，创造性地体现了文化创意、建筑艺术、人文历史、时代痕迹等元素，共同形成一个“多位一体”的综合性艺术园区，打造出西安“人文旅游下的工业景观”。

漫步其中，厚重砖墙之斑驳，废弃管道之错综，凌乱墙体之肌理，机械铁轨之硬朗，具有前工业文明独特的韵味。云游其中，现代化的主题酒吧、特色酒店以及休闲餐饮等不同实用功能的区域交相辉映。二者的融合正是城市风景中缺少的那一部分，游客驻足游览，层次感与愉悦感于心头舒展，城市新印象也镌刻进记忆里。

综合以上来看，深受工业文化因子驱动的半坡国际艺术区内的空间活化处理和远古历史背景下的半坡文化相互重构融合，不仅激活了这片承载厚重历史的土地，也搭建起了工业遗产园区内全新的空间感与秩序性。为周边工业性社区的保护建设提供了不同以往的视角，将半坡国际艺术区的历史韵味与当代价值展现在世人面前。以半坡遗址文化为基础开发文创市场，利用纺织城工业园区遗产建立起新空间，在传播上贴近受众情感，营造出场所的精神归属感。这不仅能够增强用户的体验感。这不仅进而激发园区特有的活力，形成可持续发展的多元交流公共空间，同时也能为当地经济添砖加瓦，不断提升区域地位。

（四）文化乌托邦的现实场景

现在的半坡国际艺术区已经初具文化乌托邦的基本形态，成为陕西地区文化领域内各单位、组织或者个人的创作场所。例如，陕西省美术家协会、西安中国画院等文化机构，以及众多独立艺术家，已在半坡国际艺术区开展了一系列的创作、展览、学术研讨交流活动。在不远的将来，半坡国际艺术区将成为西安新的精神文化地标，对西安地区的文化艺术进行空间整合，让文化创作走向规模化发展，重构个体创作与社会经济结构之间新的关系。

在文化乌托邦的现实意义中，半坡国际艺术区中的城市空间和意见空间，成为现代空间的两个主要形式，影响着文化街区对于文化符号的传递。在文化空间中，充满怀旧感的工业遗产风格和半坡文化的幻想成为该艺术区文化乌托邦的显著标志。而新时代环境下文化产业的发展和文化空间的想象形成恰是文化乌托邦的现实表现。半坡国际艺术区的内在文化符号正是这种文化乌托邦现象的集中反映，也是现在国内各种文化街区中文化意义与商业实际的矛盾冲突所在。文化园区的融合形成与现实交相辉映，带给我们一个现实场景：文化空间即现实艺术。

在由文化形成的艺术空间中，兼具现实性与虚幻性，即包含着别样的体验与想象的文化实践。如詹姆逊所说，经典马克思主义认为未来的种子已经根植于现实之中，任何新的社会现象的出现都是文化乌托邦思想的建构从旧有的社会关系中分离断裂出来的。正如，后现代主义的文化乌托邦符号，不是一种解释而是有待于被解释的东西，它并不是终结，而是指向未来的文化逻辑形式，它本身还具有局限性和不完善的一面。①

因此，在半坡文化街区这一片现实建构的文化空间中，意义的场景超越了这种现实建构的局限性，或者它正朝着更完美的形式发展。现在我们仍可用一种更理想的文化逻辑形式代替现阶段的文化，来表明文化不会终结，历史不会终结，社会会以一种不断更新的形式不断前进。

半坡国际艺术区将半坡文化符号与工业遗产型文创园区进行融合改造，为半坡文化的溯根提供了精神依托，也为工业遗产留下了宝贵的物质资源。同时，公共艺术的介入也让原本废弃的园区重新焕发活力，塑造了园区历史文化、艺术的形象，为艺术家们提供了创作场所，也让公众参与其中，使文化乌托邦与现实意义相互融合。

---

①陈春莉. 文化乌托邦思想的建构[J]. 青海民族学院学报(教育科学版), 2003,23(1):16－20.

三、文化乌托邦的再造、泯灭与追求

半坡国际艺术区力图呈现出一个纯粹艺术的乌托邦世界，为艺术者们打造独立自由的艺术交流区，而参观者则可以感受来自不同派别的艺术盛宴，这实现了阿多诺笔下的现代艺术精神性，是真正传达思想的艺术形式。但受限于经济等诸多社会因素，艺术区也难逃文化工业的席卷和现代艺术的悖论。艺术区商业化是文化街区改造必然会遇到的另一个问题，即商业资本注入的同时也有可能冲淡本来浓厚的艺术气息。当然，如今的艺术已经无法存在于孤岛，艺术和资本不是界线分明，而是在不断博弈中共生，发挥现代艺术的非同一性质，将艺术价值发挥到最大的同时实现社会和经济效益。

（一）再建理想国

人们对美好生活的希冀催生了对乌托邦的想象和期盼，这也说明乌托邦这一概念从产生的那一刻起就带着强烈的批判色彩，是在对现实社会产生不满的状态下生发出的对理想社会的追求。在现代社会，文化艺术领域经常性地被大批量、工业化制作生产以及强意识形态的产物所充斥，真正艺术的精华被文化工业所压榨。在这样的文化沙漠里，“是人民需要拒绝理想、情感、爱情、艺术、友谊等生命特质被不断物化的命运”。① 人们对真挚情感的追求，对一切美好的渴望，使得文化乌托邦成为反抗被资本充斥的现实社会的想象性出口。在那个“美好之地”，人们可以进行独立自由的艺术创作、文化交流，观赏者与创作者在灵魂中产生共鸣。许多人抨击乌托邦的空想成分，称其是没有实践和切实可行方略的形而上学，但灰暗的世界需要最后一份浪漫与幻想来指引方向。

在半坡国际艺术区，我们能感受到建造者为了创建一个艺术理想国而做出的

---

①周均平. 审美乌托邦研究刍论[J]. 文学评论. 2010(3):158 - 162.

努力。他们让现代艺术在此处可以尽情地展现，从而把自由、随性归还于人自身。一般而言，真正的现代文化具有被阿多诺称为“艺术之以太”的精神性，具备文化工业产品所没有的批判属性，它的否定性有一定驱散文化工业阴郁的可能性。基于此，它更具灵魂的震撼力，更能触动人，这也是人们将它的自律性和精神性作为文化工业强有力的抗衡的原因。

排列整齐、机器轰鸣的印染厂，是工业时代最好的证据。而如今的印染厂旧址包裹着的是一团团热烈的艺术之魂，工业文明遗迹与文艺作品的交织建构起全新的文化堡垒——陈勇①的理想国，真可谓是阿多诺所提倡的现代文化乌托邦之一。街区中央的织布机器与四周的现代文艺作品建构于同一空间，似乎能感受到象征个性与自由的现代艺术与文化工业残存物间的冲突。阿多诺认为，艺术的目的不是像文化工业一样带来自以为愉悦的感官快感，而是认知，是基于理性与感性上的几何的认知能力。真正具有现代艺术性的作品会在精神上、认知上对人们产生深远的影响。

以在半坡国际艺术区的十八度灰美术馆开展的名为《双拼之白日梦》的双人作品展为例，展览中的作品以插画、涂鸦等形式，展现了脱离现实的放纵与洒脱。在独立于任何次元的领域，无所畏惧地回归孩童时期最善良、稚嫩、真实、纯洁、简单的思维与生活，在这样全新的宇宙中找寻自己真正的力量，反思现代社会逐渐缺失而不自知的历史。这样的展览或许不如15秒的短视频，能给观者带来速食快乐，但从置身其中到迈出展厅大门，甚至到今后的某一次触发，带给观者的是认知与反思，能感受到的是一种逃离现实世界的意义深远的救赎，而现代艺术真正的价值就在于此。街区内部的一座超大雕像十分吸引眼球，硕大的树干横于人脑中心，头转向与身子相反的右方似乎在看着什么，人物的脖颈处错位，透过五官坚挺但面露苦涩的脸，能感受到力图冲破现实的意志和无奈。这座通体黑色的雕塑伫立在路口的交汇处，在周边的墙体绘画、咖啡小馆中显得十

①陈勇：痴迷于艺术文化，辞去医生的工作成为半坡国际艺术区的总负责人。

分违和，也格外显眼。 雕塑旁边没有任何说明，偶尔有来往参观的人遛狗、拍照、歇息、驻足停留。

图 1-8 雕塑与参观者

背靠半坡文化这一厚重的历史背景，文化园区中也有能与半坡文化共生的艺术作品。 在街区内的西安半坡博物馆产学研基地，陶瓷大师及其学生在此研学，复刻半坡时期的陶器，制作各种陶瓷摆件，还开展了儿童互动教学服务。 感受陶瓷从塑型到烘烤的一系列过程是艺术制作，也是与 6000 多年前半坡先祖的灵魂契合，更可以感受现代艺术与先祖文化碰撞的实感。 此外，还有许多艺术家的个人工作室选择在此建立，不同风格的艺术家们在自己的一方空间里进行艺术创作。 在理想的村落里大家得以自由创造、相互交流，这里仿佛真正实现了艺术乌托邦。

图 1-9 半坡产学研基地陶瓷作品

艺术并没有死在文化工业的铁手之下。走在街区内，人们可以感受到创办者极力想促成艺术乌托邦的热切。自由——各种文化得以显现：可以是轰鸣的机车，也可以是恬静的书屋，能接受耶稣挂在壁画上，道家的神丹、兵马俑和机器人并排。在以中心大道为主轴四面散开的长廊里可以随意进行艺术的散射，形似半坡时期的鱼骨，把阿多诺所说的艺术“非同一性”演绎到绝佳，是一种基于同一之上的异质性，在冲突中看得到和谐。批判——“对现实异化世界的抵制和批判”：与普通审美相反的丑态表达，本身就是抓住现代社会的反面搞艺术，夸张抽象的表现会让人驻足思考背后的意味，调节现实社会的压迫和矛盾，毕竟“艺术中没有原本就是丑的东西”。①

这样一个以艺术为名的理想国度，它远离城市中心的繁华聒噪。艺术家们汇聚在这个艺术村落，在相对较慢的纺织城市井生活中开辟出一块独属于艺术的天地，而每一个参观者的驻足都能为它赋予更多的价值和意义。这一理想国不是偏居一隅，不问乱世，而是将自己的艺术情感融于现实，不断吸附新的观念去影响新的人们，这也正是现代艺术的价值。

（二）文化工业下的泯灭

然而，带着文化乌托邦滤镜来看半坡国际艺术区还是会有所失望，就像乌托邦始终代表着不切实际的空想，只是美好的希冀。冷清萧条的艺术展览若没有人观赏，其意义就只能局限于作者个人，某种意义上等同于没有人光顾的商铺，而这两者在艺术街区都可以见到。建造者一心想要搭建的艺术理想国还是没能走出文化工业的圈子，在标准化的尺度下进行着雷同的街区规划，当然这样的现代艺术汇集地也没有摆脱其悖论——走向意识形态的建构。

工业革命带来技术理性，代表技术的流水线生产出一大批投降于意识形态的“艺术商品”。人们生活在被文化工业过滤过的世界里，闲暇时间可以去看展

---

①阿多诺. 美学理论[M]. 王柯平，译. 成都：四川人民出版社，1998：84.

览、看电影，但是“每部影片的内容都不过如此”。[①] 从街区改造的政策初衷来看，依然没有躲过利益阶层的循环：依靠厂房改造来实现城市再生，有效利用土地从而提高经济效益。

掩盖在文化延承、社区服务等以消费者需求为基础之下的商业目的，使得人们更好地接受，然而却没有人提出背后“正是那些支配社会的最强大的经济权力”。[②]

依次应运而生的文化街区改造之多，很容易就会跳入文化工业的陷阱，使之成为出自一个生产系统的一模一样的文化垃圾，失去自身特色而成为所谓成功案例的复制品。在这样的商业土壤中生长出的文化景观如何赋予自身真正的艺术品质，成为文化街区改造的关键。

在文化街区内部能感受到强烈的文化工业气息，大大冲淡了来自艺术家的魅力。墙体绘画的风格与诸多文化街区雷同，并且把意义价值放在网红打卡地这样的设定之上，街区内部地区文化特色不强，这样充满商业和功利的艺术美则美矣，却缺乏深层次的内涵和艺术精神。而正是文化工业的影响，使得它们更关注模式而不是作品本身，内容被外在的形式、框架和技术取代。理想国的建构虽一定程度上带着空想主义的色彩，但不可否认它的存在能时刻提醒人们向前，文化工业下生产的艺术产品就是文化的屈服和倒退。

“文化工业没有带来升华，相反，它所带来的是压抑。”[③]再者，随着网红经济和大众文化的发展，现代社会的参观者也朝着两个方向发展。一部分人自身的文化教育水平较高，艺术素养常有提升，对于所到之处的艺术追求、感官心灵的多维体验、与作品的共鸣等多方面都有较高的要求。这也对纯艺术性的文

①马克斯·霍克海默，西奥多·阿道尔诺. 启蒙辩证法:哲学断片[M]. 渠敬东，曹卫东，译. 上海:上海人民出版社，2006:111.

②马克斯·霍克海默，西奥多·阿道尔诺. 启蒙辩证法:哲学断片[M]. 渠敬东，曹卫东，译. 上海:上海人民出版社，2006:108.

③马克斯·霍克海默，西奥多·阿道尔诺. 启蒙辩证法:哲学断片[M]. 渠敬东，曹卫东，译. 上海:上海人民出版社，2006:126.

化街区改造有了更高的要求，对于文化工业下低质、重复、没有灵魂的作品呈现，现代受众并不会买账，在保证艺术者高质量创作的基础上，更要考虑为参观者打造沉浸专注的艺术空间。而另一类参观者在文化工业大炮的狂轰滥炸之下，他们选择投降接受，大有文化犬儒的倾向。“他们用庸俗反抗高雅，用麻木不仁驳斥美好与善良。”①在庸俗文化里醉生梦死、自甘堕落，沉迷于网络带来的短暂、低质的快感并且不愿改变，导致他们对艺术的解读大有不同。面对这样的受众，现代艺术将发挥自身的启蒙作用，激发人们的个性，摆脱恐惧，将他们从文化工业的迷雾中解救出来。

图 1-10　艺术区正门的鱼骨造型

要在文化工业产品的链条上脱颖而出，半坡文化就是半坡国际艺术区最鲜明的特征。6000 多年前远祖文化孕育了这块宝地。历经千年后，半坡遗址上已经落了一层又一层黄土，旧的土层覆盖了新时代的痕迹，这份厚重是人类远祖文明的奇迹。站在近处瞻仰，依然可以从每一件出土的陶器、每一个挖掘的坑道里嗅出远祖悠长的气息，这是人类最原始的开拓精神，是一个时代的文明。

这样的远祖文化需要保护，同时也需要与现代文化结合并发扬。然而，距

①黄博文，陈旭东. 当代犬儒主义审美观的现实样态与发生过程——基于阿多诺“文化工业”的理论剖析[J]. 西部学刊. 2021(5):79－84.

离半坡遗址直线距离不到一公里的深厚历史资源并没有被很好地吸纳。那份来自6000多年前远祖文明的厚重足以描绘出意义更加丰富的现代艺术。步入半坡国际艺术区，体现半坡文化特色的只有门口的鱼形门建筑、街区内人形鱼身的标识和半坡产学研基地，除此之外别无其他。可以看到建造者力图借助半坡文化元素来兼顾整个街区的综合形象，但是街区内文化的融入皆浮于表层，还存在着较大的利用空间，对半坡文化利用的不彻底可以说是另一种形式的浪费。

印染厂停产改造，工业时代已经过去，现代人在长时间低头赶工之后厌倦了味同嚼蜡的工业产品，对于如同商品一样来自流水线上的复制品，现代食客已经不再买单。努力在街区改造大的政治背景之下，挖掘出创新独特的艺术空间，对纯粹现代艺术的追求就是来自心底不羁的反抗，是对现实社会的不满，是冲破文化工业整体性的异端。文化乌托邦是将希望寄托于虚无缥缈的纯粹艺术，文化工业是艺术被意识形态全盘控制。艺术与意识形态的两端过于极致，皆是无路可走，文化艺术的生长不仅要冲破藩篱，还要懂得如何汲取营养。

（三）艺术与资本共生

艺术与资本的博弈一直都存在，专心投入艺术创作的艺术者不得不违背初心向资本低头，被迫离开象牙塔，臣服于意识形态而失去艺术的精神。不得不说现在的艺术离不开金钱供养。同时，资本也需要艺术，冰冷的文化工业所生产的文化产品食之无味，追求个性与性情的现代艺术应运而生。但艺术一旦沾染资本就容易变得面目全非，如何使艺术与资本共生是半坡国际艺术区的难题，也是现代社会艺术发展的困境。

脱离通俗文化的高冷孤僻，就不免有曲高和寡的凄凉。步入艺术区，除了浓烈的艺术气息外，更直接的感受就是冷清杂乱。一进入大门，川菜、陕菜、烧烤，给人的初印象是油烟弥漫的烟火气息，与国际艺术区的定位不符，餐饮的风格和位置在一群艺术展馆中显得极其格格不入。中心步道并没有什么参观者，虽然用客流量来评价艺术并不是专业的行为。并且从严格意义上来讲，他们并不能被称为参观者，而是游客，他们用网红打卡的心境来解读艺术，赋予了这个文化乌托邦更多商业景观。也许某个展、某幅墙画可以让他们驻足停留，然后思考，但也只是停留在手机拍照留念的那一刹那罢了，艺术作者在这种程度上确实达到了真正的“孤独”。此外，街区内部隔两三步就可以见到少儿教育、茗茶特产、家装设计等商铺，出口处有一个大型电影院，商业化的入侵可见一斑。到了傍晚，街区的前广场就成了市民休闲区，儿童玩乐、老人遛狗不在少数。街区内部的艺术展览在轮滑表演之下显得毫无生气。所谓的艺术乌托邦被通俗市民文化占领，角落里工业时期的火车头成为这个艺术区最后的挣扎。参观许久，似乎已经忘记这里是名为“半坡国际艺术区”的地方。商业气息和市井生活夹杂其中，文化定位十分不明朗，毕竟艺术的理想国与桃花源有着明显审美上的区别。

图 1-11　艺术区入口处的商铺

经济与意识形态是任何艺术都摆脱不掉的底色，不会有真正不受意识形态影响的纯粹艺术作品，达到商业与艺术共生才能使艺术不灭。整体来看，半坡国际艺术区的管理者在构建其文化理想国的同时并不排斥商业的入驻，这本身也是艺术者的无奈和现代艺术的悖论。但文化街区内商业区与艺术区之间没有清晰的规划是目前存在的重要问题，艺术工作室与商铺间隔排列，使得游览者在进行艺术观赏时连续性不强，突然出现的商铺给人非常强的突兀感。应该在确保艺术创作独立自由的基础上吸收商业资本，增强二者之间的关联性。例如，西安半坡研学中的模板制作工作室，在自身研发创作的同时也向参观者表演，还出售艺术品，给予参观者新奇感受的同时也带动了消费。另外，可以招纳类似主题书店等与周边艺术区调性一致的商业品牌，使游客在参观时感受到整体的、浓烈的艺术气息。

阿多诺说："艺术乌托邦如果成为现实，那么艺术将会终结。"①乌托邦这个对美好国度的幻想，总是会不可避免地披上空想虚无的外衣。然而乌托邦本身的二重性也在提醒着我们，能够真实生存的一直是黑暗与光明的中间地带，在黑暗到来时点灯，在光明到来时积蓄能量才是永久生存之道，也是艺术得以维系的长久之法。纯粹的、毫无意识形态沾染的艺术品并不存在，没有社会意义的艺术作品也失去了根本价值。艺术作品的文化价值与其自身的社会效益、经济效益并不是矛盾体，好的艺术作品一定会传递具有思考意义或现实意义的价值观念。当然，艺术的产生本身就不应该是目的论，资本、意识形态，还是极力促成的文化乌托邦都不是艺术应该存在的原因，它不是必要的存在，而是不得不促成的自由随性，它源自人们对美的热爱、对情感的自然抒发。从半坡人开始编制彩色的布匹，开始在陶器上画下第一个图案，人类对美的向往就已经开始，没有具体的目的，而仅仅是来自人本性对美的追求。然而只要社会发展，就会进行目的性的建构，定会使得艺术陷入阿多诺所说的"现代艺术的悖论"之中。一旦开始建构，就会逐渐偏向意识形态，而失去最原始的自然美感，这是现代艺术无法避免的。文化工业模糊了艺术与商品的区别，最初的审美被异化、物化，资本对于现代艺术发展的影响就如同资本对社会各个结构的影响，其力量依然不可否认。

现代社会处处离不开资本的裹挟，半坡国际艺术区作为我国众多街区改造项目中的一员，商业入驻在所难免。但找到艺术与资本共生的舒适区，避免文化

①阿多诺. 美学理论[M]. 王柯平，译. 成都：四川人民出版社，1998：58.

工业的无情感复制，找到属于街区独特的发展路径，才能真正走向现代文化乌托邦。

四、结　语

面对现如今多元化发展的世界，全国各地的特色街区都在进行着各式各样的改变，而文化的内在发掘是现代街区成长的重要依托，文化的加工创造也是商业街区逐步完善进步的重要手段。显而易见，文化作为发展的内在动力，越来越受到各方人士的重视。

半坡国际艺术区作为半坡文化和印染厂工业文化最重要的文化传播场所，应该最大限度地发挥场所的功能，向受众不断传播所携带的文化，诉说历史。在文化符号的功能展示中，半坡国际艺术区也应该看到自己的问题，向国内外优秀案例学习，以文化为发展的根基，将地域文化融合到展示空间设计中，使厂区的社交、交互、溯源等具有更多的文化内涵，并将文化符号的象征和寓意更好地体现在文化区域中，使地域文化得到新的提升。

在半坡国际艺术区的设计和改造过程中，我们可以看到一部分地域文化受到了相应的提取和加工。部分现代文化符号、文化功能也在融合中逐渐演变，文化乌托邦也与文化普世的现实意义有了交集，确实弥补了半坡文化历史与现代交汇的不足。而工艺设计的汇总，现代手法、材料和形式与艺术区结构搭配的综合运用，使文化街区蕴含丰富的地域文化符号，是对地域性独特文化资源的深度挖掘，是对半坡文化符号的深刻体现，也是对时代性和创新性的进一步阐释。

第二章　织梦空间：“大华·1935”空间重构中的文化生产

“大华·1935”是一座由西安市的老旧厂房改造而成的新式文化街区，其地理位置得天独厚，南接西安火车站，西邻大明宫国家遗址公园，距离西安城墙大约600米。可以说，这样的地理位置对于一个新式文化街区的发展具有极大的优势。目前整个街区占地面积约10万平方米，建筑面积约8.7万平方米。街区内保留了部分大华纱厂的原有风貌，并且在原有的厂房基础上进行“以旧换新”，设计了包含商铺、博物馆、文化广场、涂鸦街区等新式文化消费空间。负责“大华·1935”建筑方案的设计师最大限度地将原有建筑风貌与现代城市功能相结合，在设计的过程中突出打造公共空间和交流空间，并且为了切合当下时代发展的流行趋势，加入了现代设计元素：将原有民用建筑材料与现代装饰材料相结合。比如，将原有的老南门、厂房、库房、锅炉房、纺织设备、发电设备、蒸汽管道、公馆、老院子等保留下来，再将其融入新型的工业风文化街区的设计中，结合相应的灯光设计和景观绿化，力求打造纺织文化传承、精品剧目视听、艺术品展览、都市时尚休闲相融合的大型综合文化中心。①②

---

①赵建兰. 大华·1935 老厂房焕发永恒青春[J]. 文化月刊(下旬刊),2012(8):82－83.

②王洋. 大华1935旧工业景观地景规划设计[J]. 牡丹,2015(24):83－84.

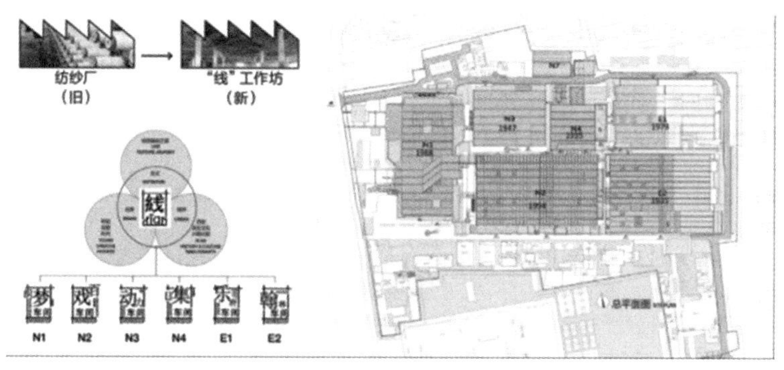

图 2-1　"大华·1935"规划图①

一、在城市发展中历次更新的大华纱厂

"大华·1935"的前身是长安大华纺织厂（大华纱厂），它是抗战内迁企业，是西安最早的现代纺织企业，由石凤翔牵头于 1935 年正式创办。大华纱厂是西安地区第一座工业发电厂，其创办对当时的西安甚至整个陕西省都有着十分重大的影响。作为西北地区历史上建立最早、规模和影响较大的现代机器棉纺织企业，大华纱厂推动陕西一度成为当时国内重要的棉纺织工业基地。历经风雨的大华纱厂是西安解放和民族工业艰难发展的见证，在新中国成立以后积极响应国家号召进行企业改革，走过了一段峥嵘岁月。2008 年，因为经营不善等原因，大华纱厂申请政策性破产。在纺织业"有进有退、优化配置、整合资源、创新再造"的产业政策调整中，大华纱厂退出了原始的生产舞台。老厂房的关闭为大华纱厂的终结画上了句号，但也为"大华·1935"的创新性发展开创了一个新的历史篇章。如今的大华纱厂已经更名为"大华·1935"。2011 年 1 月，由西安曲江新区、曲江大明宫投资（集团）有限公司负责厂房的整体改造与保护。目前，"大华·1935"已经成为陕西省具有代表性的一个工

①高丹，蔡青. 百年历程，大华重生——西安"大华 1935"项目更新纪实[J]. 当代建筑. 2020(4):37 - 41.

业遗产。改造后的大华纱厂已经成为一个集创意、文化、休闲、娱乐于一体的潮流文化街区，吸引着大批年轻群体参观打卡。新的篇章，新的起点——“大华·1935”想要续写大华纱厂往日的辉煌，前路漫漫，任重道远，但道阻且长，行则将至。①

（一）初创时期的大华纱厂

大华纱厂创办的缘由最早可以追溯到第二次鸦片战争后。那个时期清政府中一部分官员主张学习西方先进的生产技术，于是就有了历史上著名的洋务运动，而这便是大华纱厂诞生的历史背景。1931 年，“九一八”事变后，东北沦陷，华北出现危机。国内的一些先进知识分子将目光转向西北地区，倡导有志之士为建设西北贡献自己的力量。大华纱厂就在这样的历史与时代背景之下，积极地响应了广大群众对开发西北的热切希望，成为第一个登上西北地区近代民族工业舞台的企业。受“九一八”事变的影响，那时的中国市场到处充斥着日货，这对刚刚发展起来的民族纺织工业来说无疑是晴天霹雳。许多民族纺织工厂为了摆脱困境开始积极寻求出路，大兴纱厂便是其中一员。1934 年 4 月，石家庄大兴纱厂派人到陕西考察建厂条件。在了解到当时的西安不仅在原料、运输、产销条件等方面具有发展优势，而且西安政府及社会大众也都大力支持厂房的建立之后，大兴董事会决定在西安建厂，这便是当时的大兴二厂，也就是大华纱厂起步的地方。

1936 年 3 月，大兴二厂开始生产劳动。当时工人共 500 人。工人工作分昼夜两班，每班工作 11 至 12 小时，布场工人每人管 6 至 12 台自动织机。在开始生产的前半年，月月都有盈余。随后，当时的负责人石凤翔向总公司建议进一步扩大该厂的生产规模。公司决定于 1936 年 7 月改组大兴二厂，设立大华纺织

①高丹，蔡青，黄璐. 融入城市演进的工业遗产价值再生——西安“大华·1935”更新设计回顾[J]. 城乡规划，2020(6)：12－19，27.

股份有限公司，苏汰馀任董事长，石凤翔任总经理。公司名中的"大华"二字取于当时合资大兴二厂扩建的大兴、裕华两个公司。1936 年 8 月 1 日，西安大兴二厂正式更名为"长安大华纺织厂"，又称"大华纱厂"或"秦厂"。在先后进行两次扩充建设之后，大华纱厂拥有纱锭 25130 枚、布机 820 台，纱厂的生产能力得到大幅提升。到 1936 年下半年，大华纱厂获利达到了 20 余万元，可以说大华纱厂在创建之初便取得了显著的成绩。

在大华纱厂创办以前，陕西的一些先进积极分子也曾效法张之洞创办了陕西保富机器织布局、设立过官商合办的陕西第一纺织厂、筹备建设过裕泰纺织厂，但都由于时局困难、经济萧条等因素而夭折。可以说大华纱厂的创办一定意义上拉开了西安近代纺织工业发展的序幕。随着大华纱厂的建立，当时西安乃至西北地区的棉纺织业开始从以手工作坊和农户自产自用为主的小手工业阶段，迈向以现代纺织机器为基础的社会化大生产的新阶段。在这之后，华丰面粉厂、中南火柴厂、西京电厂、中华毛织厂纷纷在西安创立。

（二）抗日战争期间的大华纱厂

作为西安当时新兴的民族资本企业，大华纱厂在陕西地区并没有强劲的竞争对手。因此，那时的陕西纱布市场基本上被大华纱厂一家占据。由于陕西棉花产量高的优势条件，再加上引进了国外新型的高质量生产机器，大华纱厂当时所产的细布在色泽、手感以及外观等方面都非常具有优势，甚至可以与当时市场上流行的一些日本布匹分庭抗礼。其中最著名的就是当时的"雁塔牌"细布，风靡整个西北地区。

大华纱厂建成投产一年后，抗日战争全面爆发。内地的纱布由于工厂的停工开始出现供不应求的现象。但当时的西北地区棉花供大于求，于是大华纱厂抓住了时机，布置守厂、力维生产、囤购纱布，同时还挂上了意大利的旗帜，以避免当时日军飞机的轰炸。这样一来，大华纱厂所生产的纱布就成为当时军需的主要来源之一。1938 年起，大华纱厂每月生产 3 万余匹军需用布，也因此成为日军飞机轰炸的重点目标之一，先后三次遭到日机轰炸，损失惨重。这一时期的大华纱厂与民族共存亡，为抗日战争的胜利贡献了自己的力量。

抗战胜利后，大华纱厂抓住战后重建时机，尽力扩大生产规模，增加产量，拓展纱布销售渠道。因此在战后初期，大华纱厂迎来了一个短暂的繁荣发展时期。但不久后，内战全面爆发，大华纱厂在困境中面临两种命运的抉择。

（三）大华纱厂历次变革

1949 年 5 月 20 日西安迎来解放，随后西安市军管会派工作组进驻大华纱厂协调工作。从 1949 年 7 月 1 日至 1949 年 11 月 27 日大华纱厂一直实行军管。1949 年 10 月 1 日中华人民共和国成立，民族工业获得了新生。伴随着“三反”“五反”运动的开始，大华纱厂由原来私营性质的企业转变为公私合营性质的企业。社会主义改造时期，大华纱厂为了顺应时代发展，于 1951 年 11 月 11 日正式更名为“公私合营大华纺织股份有限公司秦厂”，成为一家公私合营的企业。

新中国成立以后，国家对当时留存下来的一些老厂房进行过改造。国家当时制订过计划去建设一些纺织新基地和新工厂，以此来扩大生产规模。当时，一些建国以前遗留下来的老厂存在着大量弊病，主要表现为劳动条件差、生产效率低、原料消耗大、设备杂乱等。针对这些问题，国家积极投入力量对这些老厂房、老设备进行技术改造，同时力求挖掘出这些老厂房、老设备的生产潜能，提高其设备利用率、运转率和生产效率，以大大提升社会主义改造时期的劳动条件。

在这样的国家政策的支持下，大华纱厂从 1951 年开始扩充设备，20 世纪 60 年代开始将技术放在厂子发展的重要位置，大搞技术革新。到了 20 世纪 70 年代，为了适应当时的宽幅化生产趋势，大华纱厂曾经更新了 400 台新型自动换梭织布机及相应设备，以此来提高生产产品的档次。到了20世纪80年代至90年代，大华纱厂曾连续两次进行危旧厂房改造工程。在整个改造过程中，企业引进了喷气织机、自动络筒、气流纺等国外先进设备和技术。正是通过改造这些生产设备，该厂的生产规模迅速扩大，以至于发展进入当时国家大型二类企业行列。

自新中国成立以来，大华纱厂经历了私营、公私合营阶段，随后便步入了国营时代。在这一时期，大华纱厂成为自建国初期以来西安地区重要的工业基础和骨干企业，为当时西安纺织业的发展提供了大量的技术和一批又一批管理人才。随着我国进入社会主义建设的新时期，国有经济和计划经济开始逐渐居于主导地位。国有企业，也称全民所有制企业，是计划经济时代的产物。计划经济时期，我国的经济主体主要由以国有企业为代表的全民所有制经济和以农村"人民公社"、城镇"大集体"企业为主的集体所有制经济两部分组成。

为了顺应当时社会的发展趋势，1966年12月，大华纱厂归为国有，并且正式更名为"国营陕西第十一棉纺织厂"。这一时期的十一棉纺织厂积极调整产品结构和生产规模，淘汰了许多过时的设备和产品，生产出了许多质量优良的产品。这一时期生产的产品特点主要表现为"细、密、宽"。"国营陕西第十一棉纺织厂"这个名称一直随着历史的变迁沿用了30余年。该厂于1979年划归陕西省纺织工业总公司管理，是当时陕西省13个大中型棉纺织厂之一。20世纪50年代至90年代，大华纱厂以忠于国家、无私奉献、勇于担当、不怕困难的精神，为国家分忧解难，为经济建设做出很大贡献。

大华纱厂的国营时期前后历经了四十余年的时间。在"三线建设"时期，大华一直对老厂进行多次技术改造，不断提高老厂的生产规模和生产水平。于是，大华纱厂在不断进行技术革新和逐步提高纺织企业基础管理水平中得到了稳步发展。这一时期的工厂面貌也完全按照国企的模式进行了相应的改造，可以说大华纱厂成为计划经济时期国民经济的一大主要支柱。

改革开放以来，面对国家的经济体制改革和经济结构调整，大华纱厂和其他国有纺织企业一样进行了诸多实践探索。1993 年以后，随着经济体制改革的不断深化和建立社会主义市场经济体制的要求，国有企业的所有权与经营权开始分离。2001 年 3 月，大华纱厂更名为“陕西大华纺织有限责任公司”，2008 年与唐华集团一起宣告政策性破产，至此结束了大华纱厂作为物质生产企业的一个重大时代。伴随着国企改革的峥嵘岁月，大华纱厂历经了转型初期的迷茫，伴随着经营机制的转换，不断地改变着企业，推陈出新。这一过程不仅体现出大华纱厂历史上的波澜曲折，更象征着众多中国国企改革的缩影。

自 2008 年大华纱厂宣告破产之后，直到 2011 年 1 月才由西安曲江新区、曲江大明宫投资（集团）有限公司负责厂房的整体改造与保护。2013 年正式启动了工厂的改造进程。2017 年 7 月开始对厂房进行二次更新，于是便有了现在的“大华·1935”。在进行该老旧厂房的改造设计时，设计师主要以保留历史痕迹为主，保持工厂的原有特质，在此基础之上进行设计和改造，并且将其定位为西安独特的商业文化中心。①

二、空间重构的变与不变

现在的大华一改往日工厂生产的模样，成为一个文化和物质消费的聚集地，是一个真正具有现代摩登感的集餐饮、零售、文创、娱乐、精品酒店、博物馆、小剧场集群、文化艺术中心等于一体的聚集地。该片园区大体可以分为四大商业模式：集中式商业模式、街区式商业模式、影剧场模式以及“博物馆 + 商业”模式。厂区的整体设计是 20 世纪 80 年代怀旧风和现代工业风的融合，最大限度

①百年工业史诗城市更新|西安复地大华 1935[EB/OL].(2020-05-28)[2021-07-01].https://mp.weixin.qq.com/s/IrPGbKozlcbmosKOVY4LRA.

地利用了原来工厂中遗留下来的器械，与现代艺术相结合，成为厂区中令人眼前一亮的地标建筑。"工业绿"的墙体粉刷、古铜色的锈蚀钢板、水磨石、青砖粉刷、清水混凝土、橡木色木饰面等工业元素，让整个大华充满了历史的痕迹和现代艺术的气息。

图 2-2　"大华·1935"大门入口处

老纱厂的重焕生机，不仅重新激起了许多老西安人的记忆，同时也为当下的年轻人打造了一个聚合式的多元业态的潮玩商业综合体。复古的墙体、个性的涂鸦、特色美食引得年轻群体争相前往大华打卡。作为曾经西北地区标志性的民族企业，大华在当今这个时代又一次成为西安的一个网红打卡地。①

对老旧厂房的改造似乎已经成了当下的一股潮流，从最早的北京 798 到后来的成都东郊记忆、重庆鹅岭二厂，再到西安的"大华·1935"。可以看出，这种相似的老旧厂房改造既保留了历史的遗留文化，又添加了当下的新型元素，以此来寻求历史与现代的融合。而这些历史文化街区本身就成为一项重要的文化遗产。从过去的老旧厂房到今天的文化街区，历次空间重构塑造了今天的文化遗产。通过解读街区传统文化，发现街区在空间重构过程中的变与不变，可以更

---

①王玉玺. 旅游体验视角下的工业遗产旅游开发初探——以西安"大华 1935"为例[J]. 城市建筑,2020,17(31):60－63,76.

好地将现代生活融入文化街区的建设之中，为文化街区的发展注入新的活力。

（一）历次空间重构中的不变

从1935年至今，大华已经经历了多年风雨洗礼。一路走来，跌宕起伏，但无论发生什么样的变化，大华自身总有一条线贯穿始终，就是大华的历史传承，这也是大华发展不可缺少的重要因素。

大华的诞生是为了缓解当时总公司的经济困境，也是为积极响应当时一些爱国积极分子的号召，即推动西北地区的经济发展。于是大华纱厂成为当时西北地区规模最大的纺织厂，为西北地区纺织业的发展做出了巨大贡献。在新中国成立以后，大华纱厂也一直积极响应国家的号召，在不断的改造中寻求新的发展，为西北地区的经济发展做出了不少贡献。今日的“大华·1935”更是别出心裁，成为一个文化旅游街区，既向人们展示了大华传统的文化遗迹，又用新的风貌吸引着大批年轻群体前来参观。正是这种顺势而为的做法，使得大华走过了几十年的风雨路程，成为今天的文化旅游街区。

穷则变，变则通。顺势而为，方可寻求生机。从大华的历次变革中我们不难发现，大华一直都在寻求变通，以谋求更加长远的发展。其实无论哪一家企业，都应该有大华这种勇于创新和突破的精神，在改造中谋求新的生机和发展方向。今天的大华又站在了一个新的历史起点上，作为文化街区的大华如何发展得更长远？因地制宜、顺势而为这一宝贵的历史经验或许会为大华未来的发展道路提供更多的可能。

无论是过去的大华纱厂，还是如今的“大华·1935”，可以说一直都是潮流和影响力的聚集地。大华纱厂在创办初期便是西北地区历史上建立最早、规模和影响较大的现代机器棉纺织企业。大华纱厂的发展也在一定程度上推动着陕西成为当时国内重要的棉纺织工业基地。可以说大华纱厂的创办一定意义上拉开了西安近代纺织工业发展的序幕。那时的大华纱厂便是西北地区一个耀眼的明星企业，其影响力在西北地区可见一斑。如今的“大华·1935”以其个性的工业风设计和浓厚的怀旧复古风成为一个真正具有现代摩登感的集餐饮、零售、文创、娱乐、精品酒店、博物馆、小剧场集群、文化艺术中心等于一体的文化旅游街区。在这里，"新"与"旧"相互碰撞，又相互融合，引得众多年轻群体前往参观打卡。可以说无论是过去的大华还是如今的大华都很好地抓住了时代的机遇，成为潮流和影响力的聚集地。

（二）历次空间重构中的变化

纵观大华纱厂的发展历史，人们可以看到大华纱厂在历次空间重构中不断发生着功能的转变，也正是这些转变使得大华纱厂在历史的潮流中不断前进。

首先，从工业生产到区域标杆。追溯大华的发展历史可以发现，大华的最初形态"大兴二厂"其实是为了舒缓大兴纱厂因"九一八"事变造成的经营困境。当时的大兴纱厂仅有陕西唯一一条销路。为了维持公司的发展，大兴纱厂开始将目光转向西北地区，于是便有了大兴二厂在西安的建立。从工厂建成到开始生产和运转，大兴二厂在初期已经获得可观的利润。为了工厂的进一步发展，大兴二厂当时的负责人石凤翔向总公司提议进一步扩大工厂的生产规模，于是便有了之后的两次规模扩展。大兴二厂改名为"长安大华纺织厂"。由于陕西地处内陆，外界势力较难涉及此地区，且在大兴二厂之前陕西地区尚无纺织厂经营成功的案例。此外，在陕西可以就近采购原料，产品市场也可依托本省向川、甘发展，产销条件优越。于是工厂的发展越来越壮大，甚至成为西北地区规模最大的纺织企业，为整个西北地区纺织业的发展奠定了深厚的基础，成为当时西北区域纺织企业的一面旗帜。在抗日战争时期，大华为民族贡献了自己的力量，提供了许多战时所需的军用纱布。虽然经历了战争的摧残，大华一度损失惨重，但是伴随着新中国的成立，大华在不断革新中重新焕发出生机和活力。新中国成立后的大华，曾经一度飞速发展，成为西北工业领域的领头羊。后于1966年12月被收归国有，并且改名为"国营陕西第十一棉纺织厂"，直至2008年宣布政策性破产，随后正式退出历史舞台。

从私营到公私合营，再到国营，经历了几个阶段的发展，大华已经从最开始的民族资本企业成长为具有深远影响的国有企业。大华纱厂始终以忠于国家、无私奉献、勇于担当、不怕困难的精神，为国家分忧解难，为经济建设做出很大贡献，可以说在整个西北地区纺织业的发展历史中占有举足轻重的历史地位。

其次，从工厂生活到涂鸦与艺术街区。原来的大华纱厂虽然历经了几次变革，企业的性质发生过几次变化，但是始终处于物质生产的范围。直到2008年，原大华纱厂的破产宣告着大华一段历史的结束，但同时也为大华开启了一个新的历史篇章。由西安曲江新区和曲江大明宫投资（集团）有限公司负责厂房的整体改造与保护，大华脱胎换骨，成为西安的一个文化街区。如今的大华以新的内容和形式重新出现在西安人的视野中。“大华·1935”给人的是“新”与“旧”的空间感受，是“刚”与“柔”的艺术结合。“大华·1935”的“新”与“旧”、“刚”与“柔”彰显着大华纱厂的历史积淀和现代艺术的融合之美。在设计过程中，设计师最大限度地将原有建筑风貌与现代城市功能相结合，比如保留原有的老南门、厂房、库房、锅炉房、纺织设备、发电设备、蒸汽管道、公馆、老院子等，再将其融入新型的工业风文化街区的设计中，力求打造出纺织文化传承、精品剧目视听、艺术品展览、都市时尚休闲相融合的大型综合文化中心。

可以说如今的大华已经从过去的工厂变为艺术文化街区，从过去的物质性生产空间，变为今天的文化和物质上的消费空间，其空间功能也已经由物质生产转而成为文化与物质消费场所。可以说这一次的变革是历史性的变革，是质的变化。不破不立，对于大华来说，这次的革新究竟会为其带来怎样的发展前景，如何在物质生产到文化消费的转折中把握发展方向，找准清晰的市场定位，大华的管理层依旧需要做出慎重的决策。

最后，从空间参与者到空间消费者。在21世纪的这次革新之中，参与的人也发生了相应的变化。对于过去的大华纱厂来说，除了管理层，工厂中比例最大的人便是工人。这些工人作为空间的主体，他们每天都沉浸式地参与着空间的物质生产。因此，每次空间的变革都与工厂的工人有着紧密的联系。从私营到公私合营，再到国营的这一发展过程中，有过工人罢工、与工人签订劳动合同、工人的厂房生活等，每个工人的生活都与工厂的命运息息相关。因此他们大都十分关心工厂的命运前途，并且会为之付出相应的行动和努力，我们可以将这类群体称为空间参与者。

但随着大华纱厂变为"大华·1935"，来到这个空间的主体也发生了相应的变化。除了大华的管理层之外，比例占据最大的便是前来参观的游客，即消费者。这类群体对大华的发展前途并不是十分关心，他们往往只会被空间的一些趣味性项目所吸引。空间的落败或发展对他们本身并不会产生太大的影响。相对于之前的空间参与者来说，他们和空间之间的关系属于抽离和临时建立起来的，我们可以将这类群体称为空间消费者。我们可以看到的是随着这些主体性质的变化，空间参与者和空间消费者对于大华的态度完全不一样。那么如何面对这些主体的转变，以及如何应对和适应，这对于大华未来的发展也是十分重要的。①

三、"大华·1935"文化街区的文化生产及其意义

"大华·1935"以1935年营建的大华纱厂原厂房为基础，承袭了珍贵的近代工业文明，是西安工业文艺复兴的范本。"大华·1935"的改造将原有的南北区厂房划分为六个独立又串联的主体空间，其空间命名结合了历史意蕴与现代特征：织梦空间、百戏车间、日集车间、动力车间、乐府车间和翰林车间。这样透过建筑名称、形式、结构、生活方式和社会网络等符号关联文化街区的文化生产，配合旧工厂的空间物质性建设，赋予了旧厂房新的文化气息和文化意义，构

①徐航，陈双霁. 大华1935——国家工业遗址的回归与新生[J]. 建筑技艺，2020(4)：20－27.

筑了符合主流社会阶层和时代消费想象的街区，形成了工业文艺复兴的风潮。在这股风潮下，产生了新的“后工业风格的文化时尚”，产生对于原有的厂房空间意义和历史时代意义在改造后的意义的流变。①

（一）在空间功能意义上的流变性

“大华·1935”街区是结合旧纺织业工厂和原有纺织业元素来改造现代文化街区的场地。原先的南北区旧厂房通过设计和改造转变为新的文化符号，与此同时，也保留着原有的旧工业纺织文化气息。目前主要工业遗存包括:老南门、厂房、库房、锅炉房、纺织设备、发电设备、蒸汽管道、公馆和老院子等，通过复星集团旗下的星纬资本在原有工业遗存空间上进行改造和创新，以追求“文化+艺术+商业”的全新演绎手法，满足其在文化利益和商业利益上的成功。

资本介入文化生产的逻辑耦合，在经济形式上源于文化生产所面临的市场化。从其市场化的可能性而言，现今条件下，只要文化生产的商品需在市场上实现价值交换，就必然要接受资本逻辑的规制。②

文化街区总是不可避免地涉及商业利益，资本的介入注定它必定带有商业竞争的使命。在空间上的意义流变，从原先的国有企业利益转向私人化、企业化、市场化的利益。细分下来，不同旧车间、旧厂房的物理空间内的意义也发生了转化：20 世纪德式包豪斯建筑风格的大华纱厂老厂房在今天依旧是实用和简约的结合，北京的 798 建筑和同济大学的文远楼都属于经典的包豪斯风格的建筑。以经典实用的老建筑为基础，赋予传统工业厂房新的文化内涵。其六大车间的设计定位分别为：

N1 建筑——织梦车间，“织梦车间”定位为“奢华新概念、旗舰风尚馆”，区域功能以潮流零售品牌和多元餐饮业态为主基调。原建筑始建于 1988 年，原

---

①梁增贤，保继刚. 文化转型对地方意义流变的影响——以深圳华侨城空间文化生产为例[J]. 地理科学，2015，35(5)：544－550.

②胡潇. 资本介入文化生产的耦合效应[J]. 中国社会科学，2015(6)：45－61.

有功能是梳棉、并条、粗纱和细纱车间。N2 建筑——百戏车间，一个面向全龄层的"互动娱乐体验空间"，以精品零售、互动体验和时尚餐饮为主，其东侧设置了大型室内娱乐空间。原建筑始建于 1994 年，原有功能是老纱厂、清花、喷织和整理车间。N3 建筑——动力车间，以运动零售、运动体验为主的"动力车间"是一个"运动活力能量场"，空间中央设置室内滑板场地。原建筑始建于 1947 年，原有功能是细纱及筒并捻车间。N4 建筑——日集车间，依托老厂房而设的"文创生活集市"内包含具有传统市集特色的购物及体验空间。原建筑始建于 1935 年，原有功能是筒并捻车间，在历史上经过多次改建或加建。E1 建筑——乐府车间，"乐府车间"以 IMAX 影院、小剧场群为主，主题餐饮为辅，定位为"文化影音超体验"空间。原建筑始建于 1979 年，原有功能是新布场和梭织车间。E2 建筑——翰林车间，"翰林车间"内的空间以文创书店、博物馆、零售和轻餐饮为主，形成"文艺新主张"，建筑东侧为大华博物馆。原建筑始建于 1935 年，原有功能是老布场、准备与浆纱车间。这座建筑曾经是西北地区最大的单体厂房，采用钢结构布置，其西南角尚存大华的厂徽及"生产车间"四个字，是珍贵的历史遗存。

（二）在时间意义上纺织精神的延续性

2020 年 12 月 31 日，陕西省文物局公布全省第一批革命文物名录，大华纱厂旧址成功入选陕西省第一批不可移动革命文物名录。大华纱厂镌刻着陕西近代工业文明的深刻印记。作为西北首个现代纺织工厂，这里曾产生了西安市第一度工业用电，走出了西北工业的第一批女职工，成立了西安第一个工人运动地下党组织部，也成为重要的棉纺织军需物资生产商之一。在近百年的发展历程中，大华纱厂曾见证了西安近代工业的开端和现代工业的发展，也见证了经济迅速发展的背景下，通过产业结构调整、新功能植入带来的城市格局的变化。

大华纱厂原名为长安大华纺织厂，1935 年由西北首富、中国纺纱大王石凤翔先生创办。大华纱厂从建设、合并至今，历经沧桑，经历了战火硝烟，也见证了改革开放，从曾经的军需厂到1951年走向公私合营，到1966年归为国有，再到2008年负债累累、公司破产，到如今经过政策和资本介入成为具有西安文化内涵的文化街区。大华经历的是时间的洗礼，但是纺织工业的精神随着时间的流逝延续发展。经过近百年的历史洗礼，不只是这些旧厂房和资本的控制让它走到今天，其中更有纺织业、老工业精神的延续和“织梦”精神的重构。

在资本介入文化生产的耦合逻辑中，作为财富的形式，文化产品是“内在财富”和“外在财富”的统一体：既有经济价值的物质承载，又内含文化的精神价值。文化产品内在价值的生产、交换和享用，不能简单地等同于物质产品。尤其是那些具有思想引领、知识教化、行为规范、审美欣赏等具有公益属性的文化产品，它们能满足人们长远的而非只是当下的、整体的而非个体的精神需求。① 作为“大华·1935”的文化生产定位，挖掘文化生产潜力和商业价值的核心文化，就是贯穿大华纺织厂的“织梦文化”。用“纺织”这一理念连接历史与现代，将工业文化遗址和新文化风潮串联起来，保留原有文化遗址，建立纺织博物馆，并注入新的时尚元素。

（三）文化生产系列中的精神依托性

地方是检视当代社会经济转型和重构背景下文化态势的重要议题。② “文化转型”也因为城市发展和经济繁荣逐渐受到了重视。③ 各个城市通过城市更新、历史街区、工业遗产的更新改造、维护利用等方式，更新城市印象，为城市的发展提供文化生产的新模式，提高城市的综合竞争力。在城市工业遗产的生产议题上，欧美发达国家很早就进入了工业时代，特别是从20世纪60年

①胡潇.资本介入文化生产的耦合效应[J].中国社会科学,2015(6):45－61.

②Oakes T. Place and the Paradox of Modernity[J]. Annals of the Association of American Geographers,1997,87(3):509－531.

③周大鸣.都市化中的文化转型[J].中山大学学报(社会科学版),2013,53(3):97－102.

代开始，逐渐进入了以第三产业为主导的后工业化时代，由生产型城市转向消费型城市，开启了旧工厂再生的历程。中国在工业化革新的进程中，同样遇到了如何有效利用旧工厂的问题，如北京798艺术区、宁波书城和中山岐江公园等，这些极具代表性的文化改造项目为解决上述问题给予了很好的尝试。在“大华·1935”文化街区的设计改造过程中，原设想“打造出纺织文化传承、精品剧目视听、艺术品展览、都市时尚休闲相融合的大型综合文化中心”，同时也通过六大车间——“织梦车间”“百戏车间”“动力车间”“日集车间”“乐府车间”“翰林车间”显示出其设计定位的准确性。那其“织梦文化”的传承效果到底如何呢？

“大华·1935”文化街区的文化精神主线为“纺织文化”。基于“纺织文化”及其历史脉络，在位于园区内E2建筑——“翰林车间”的东侧创建了大华工业遗址博物馆。博物馆由工业遗址区、工业历史发展实物及图片展区、情景模型演示区、工业名人主题展示区等不同板块组成。通过原大华纱厂大量历史实物和工业历史资料，系统地讲述了大华纱厂发展到结束的历史过程，展现了陕西乃至西北地区近代民族工业萌芽到壮大的经过，被誉为“中国近代民族工业的活化石”。博物馆内部是由老式的44英寸丰田织布机零件作为元素组合的一幅凤凰涅槃的图案。另外，抗日战争时期，大华纱厂为国家供应过物资，大华博物馆内的情景模型展示区还原了相关的历史场景，以供参观者深入参观学习。大华博物馆还利用纺织器械还原了织布车间的工作场景，对纺织厂车间办公室场景进行模拟，同时采用音响效果还原工作车间机器运作的声音，还原了工人的工作环境。博物馆还专门设置了展区展示大华厂区和西安城市记忆的物件，还原20世纪的记忆，和参观者产生情感互动。特别的是，大华博物馆邀请了老员工来口述历史、拍摄纪录片，对珍贵的历史进行保护和留存。大华博物馆是集历史性、人文性、知识性为一体来讲述“纺织文化”和“织梦精神”的。博物馆既保护了重要的工业遗产，同时也是西安多所高校和单位合作的爱国主义教育基地。但是从街区文化生产的角度来看，其宣传营销工作不够到位，游客对“大华·1935”作为珍贵的工业遗产的认知度十分有限。除了学校、班级组织的爱国主义教育活动外，前来参观的游客并不多，或者只是为了拍照打卡。通过对前来参观的旅游者进行调查研究后发现，他们对“大华·1935”的评价较高，认为它独具特色，很有新意。可见，游客稀少并不是旅游资源的问题，而是“大华·1935”的管理者对推广营销工作没有给予足够的重视，大众可能并不知道它的存在。从历史文化的维度去思考“大华·1935”街区的文化生产，还需要建设更多的基础设施，进行全面的园区介绍宣传。

图 2-3 大华博物馆内部陈设的纺织机器

此外，还有其他能彰显“纺织精神”元素的旧生产设备，分别摆放在大华博物馆的北部、E2 建筑的周围。对于到访者来说，亲身接触这些工业遗产设备，可以加深对大华纺织精神和纺织文化的理解，也有利于建构“大华·1935”纺织文化的集体记忆，以及加深对工业文明遗产的理解和认知，从而唤起相关群体的身份认同。

还有，西侧的墙面有很多描绘大华纱厂生产场景、生活场景的墙体绘画，以及在以餐饮、消费为商业定位的 N1、N2 建筑中也能发现一些旧纱厂的元素：一些商户的门头位置设计成纺纱厂织布的模型装置，在建筑内部也保留了青砖粉刷、清水混凝土、钢板等旧工厂元素。从这些设计细节能看出设计者与开发者对于“纺织精神”的设计构想。

"大华·1935"文化街区是商业和文化结合的产品。对于资本经营者来说，这些旧的工业产品的"商业化"、集体记忆的"商业化"，是通过对旧厂房这个纪念性场所或记忆空间以及其他元素的主体性建构，来唤起相关群体的身份认同、建构城市的集体记忆，达到文化再生产、再消费的目的。① 但是这些元素在实际游览和消费中的效果并没有达到预期。经过参与式观察和查阅资料发现，"大华·1935"文化街区并没有对这些旧设备、西侧的怀旧墙体绘画、设计元素等进行详细的宣传介绍。同时，街区内没有明显的索引标志，也没有配备园区地图来引导游客参观。对于传承"纺织文化"和"织梦精神"，不应该只是将符号摆放、镶嵌在文化主体中，而是要有更深层次的思考和延伸。

（四）多种文艺文化活动的集群性

2013 年底，作为"大华·1935"文化创意园区的核心文化项目，"大华·1935"小剧场集群正式对外开放，其占地面积 3300 平方米。"大华·1935"小剧场集群以小型剧场演出为主要形态，四个风格各异的剧场集结了小剧场话剧、儿童剧、曲艺、音乐、舞蹈等多种表演艺术形式，并且分别以"壹""玖""叁""伍"来命名。据"大华·1935"负责人说，该小剧场集群作为西北首家老工业厂区的小剧场集群，在行业内具有强烈的先锋意识，在全国范围内也是首家。② 长久以来，城市文化发展的中心往往位于人口密集、文化资源相对丰富、高校林立的西安市城南地区。城北由于历史原因给人们留下混乱、破败的印象，文化发展也相对滞后。新世纪以来，随着西安城市建设发展，大明宫国家文化遗址公园所在区域和周边都因其文化辐射力的影响，具有创建"大华·1935"小剧场集群的可行性。③

①张雅娟. 集体记忆视角下工业遗产地的空间建构及机制研究——以西安大华 1935 为例[D]. 西安：西安外国语大学，2018.

②李宁. "大华·1935"小剧场集群发展研究[D]. 西安：西北大学，2018.

③李宁. "大华·1935"小剧场集群发展研究[D]. 西安：西北大学，2018.

“大华·1935”小剧场集群的潜在市场庞大。西安作为“一带一路”的重点发展城市，有很多国内外演出活动和宣传活动都会在这里开展。作为西北地区唯一一家小剧场集群，它也成为先锋剧目、演艺活动的合作之地。在高校林立的西安，有大量受过高等教育的年轻群体对新兴事物感觉敏锐，对精神文化的投资也有一定追求，他们是“大华·1935”剧场的潜在消费力量和消费主力军。近年来，观众对于小剧场的接受程度越来越高，看话剧、看 LIVE 演出、听相声等也渐渐成为生活中定期的消遣娱乐活动。“大华·1935”剧场作为文化活动的合作场地，小剧场集群中的四个剧场具有不同的功能。“壹”剧场以 LIVE HOUSE 为主营业务。一些小众的、亚文化的音乐人，以及国内外部分独立乐队和歌手纷纷将目光投向 LIVE HOUSE。“大华·1935”剧场配备专业的音响设备，是西北地区为数不多的演出场地。即使在后疫情时代，这里也聚集了大量观众来看演出。“玖”剧场即先锋剧场，主要经营小剧场儿童剧，剧目以青春怀旧剧、都市轻喜剧为主。“叁”剧场即传统剧场，以具有陕西文化符号的秦腔为主要演出内容，此处作为西安城市新地标和商业文化综合中心，承担起了保护与传承陕西传统戏剧的责任。“伍”剧场为实验剧场，小剧场特有的实验精神，在“大华·1935”剧场中也有所体现，通过设立实验剧场鼓励和扶植当地年轻的艺术家，为更多的先锋艺术提供创作空间。

四、文化街区中的文化协商

随着“大华·1935”改造项目的完成，其定位已经由原来纺织厂房的工业遗址转变为文化生产和消费空间。其中，必然存在着一系列的文化冲突与文化协商。

（一）空间文化生产与资本介入之间的协商

法国哲学家列斐伏尔认为“社会空间是社会的产物和生产过程”，即空间会受到各种政治、经济和社会力量的影响而迥异地被生产、建构与重塑。① 在中国的社会语境下，政府这只"看得见的手"在空间生产过程中发挥了至关重要的作用。相关的文件指示、资金支持、法律法规对于赋予各种类型空间生产的合法性至关重要。从中我们可以看出，在空间生产的过程中必然会存在各种力量，空间生产与资本、政府等势必会有一个协商的过程。

在改造的过程中，资本是推动空间生产的根本动力之一。同时，政府在"大华·1935"的更新改造项目中也扮演着尤为重要的角色，凭借自身的政治权威、经济支持和资源调配能力，启动了改造项目，并时刻掌握和主导着改造的方向。

2007 年 10 月，作为国家"十一五"大遗址保护规划的重点工程，西安大明宫遗址保护改造项目启动。与此同时，杂乱无序的北郊旧城区也开始进入协同更新阶段。彼时，已经停产的大华纱厂是东北郊重要的工业遗产，其首次更新便是产生于这样的背景之下。② "大华·1935"项目是"十二五"期间西安市文化产业的重要组成部分，西安市文化产业发展专项资金拨款 800 万元支持"大华·1935"文化改造项目。2011 年，厂区整体移交曲江大明宫投资集团，由中国工程院院士崔愷领头，开展第一次更新工作。西安市副市长、曲江新区管委会领导班子成员亲临大华旧址调研项目改造、建设情况，要求大明宫投资集团高起点、高标准地将"大华·1935"建设成国内一流的文化商业精品工程。面对遗留的厂房建筑，改建团队采用"谨慎的加法"和"积极的减法"策略，③ 扎实地梳理厂区历史脉络与物质资源，坚持严谨而缜密的拆改和介入策略，着重梳理了厂区的公共空间和各生产流线，着力打造一条独特的、突显纺织厂空间特色的中心轴线。最终，完成了厂区大部分物质空间的更新，形成了大华博物馆、小剧场集群及具有场所感的公共景观空间，并更名为"大华·1935"。

依据《西安城市总体规划（2008—2020 年）修改》，大明宫区域迅速发展，

---

①Lefebvre H. The production of space [M]. Translated by Donald N. Oxford, UK: Blackwell, 1991.

②高丹，蔡青. 百年历程，大华重生——西安"大华 1935"项目更新纪实[J]. 当代建筑，2020(4)：37 - 41.

③中国建筑设计院有限公司. 重生：西安大华纱厂改造 [M]. 北京：中国建筑工业出版社，2018.

遗址周边地区动迁工程逐步完成，用地性质调整，为工业遗产的商业功能转型带来规划上的保障。2017 年 7 月，复星蜂巢集团与西安曲江大明宫投资集团达成合作，“大华 · 1935”迎来新一轮更新改造的契机，这次更新重新激活了园区还未启动运营的大部分空置区域。二次更新设计伊始，“大华 · 1935”就面临着比一般城市更新项目更多的保护性要求限制。“大华 · 1935”在 2011 年入选第三次全国文物普查“百大新发现”，① 于 2014 年公布为第六批陕西省文保单位，2018 年 1 月被列入中国首批国家级工业遗产名录。② 这意味着“大华 · 1935”的历史文化价值获得官方认可，其承载的历史文化和意义受到官方的保护与规制，必将对其更新改造流程有所约束与限制。此外，由于其独特的地理位置，位于大明宫的遗址缓冲区及建设控制地带内，地下范围为大明宫东内院（唐代皇家的马球场）遗址，因此，地上、地下均属于文物重点保护范围。同时，2016 年编制的《大华纱厂旧址保护管理规划》明确提出了保护性改造的要求：在风貌、高度及地下空间方面均不能有所突破。文保管理部门也对项目提出了最小干预的保护性要求：注重建筑群文物价值和历史价值内涵的阐释和展现，减少对文物本体的干扰程度，不宜过多使用新型建筑装修材料，确保新添设施与文物风貌相协调。③ 在这样的总体要求之下，复星蜂巢集团以大华纱厂原有的旧工业建筑为切入点，着力于修缮和活化街区建筑，减少对其原有风格和状态的改动，保持老厂房的韵味，做到老建筑的记忆与新文化共存发展。

（二）工业文化延续与文化断裂之间的协商

20 世纪 80 年代以来，文化作为一个独特的要素在推动城市经济发展上日益受到重视。西安作为十三朝古都，一直将历史文化资源作为推动经济发展的重要动力之一。就大华纱厂本身而言，它镌刻着陕西近代工业文明发轫的深刻印

---

①本刊综合. 工业遗产：在传承历史中焕发生机［J］. 发明与创新（大科技），2019（2）：14－17.

②关于公布第一批国家工业遗产名单的通告［R］. 工业和信息化部. 2018.

③关于西安大华 1935 工业遗产利用项目方案的意见［Z］. 2018.

记，是中国近现代民族纺织工业发展史的缩影。作为工业文明遗产之一，如果在更新改造过程中抛弃其历经时代变迁而保存和积淀下来的文化内核，便会不可避免地走入同质的"商品化景观"的逻辑。这就要求大华纱厂在更新改造中，要挖掘其旧厂房、老建筑下的厚重文化，在沉甸甸的文化积淀中，探幽溯源，梳理邈远的历史记忆，感受滋养繁茂枝叶的文化根须。因此，改造之后的街区内部建筑风格延续了原有的工厂文化：斑驳的铁锈、脱落的绿色墙皮、矗立的烟囱、恢宏的建筑记录着大华纱厂流逝的峥嵘岁月和灿烂辉煌的历史。

图 2-4　大华纱厂的老旧建筑物

对旧厂房的空间改造利用是"大华·1935"项目中文化记忆延续的典型。一方面，改造充分利用了大华纱厂原有历史建筑的特点和优势，是对其工业文化的延续。大华纱厂在建造之初将厂房的屋顶设计为三脚架承重式锯齿形，采光窗依锯齿形设在北面，不仅突破了以往传统的窗户位置设置，而且增加了天窗采光面积，使得整个厂房内的光线较为柔和，白天的自然光以漫反射的方式通过天窗射入室内，使得整个生产厂房内部光照均匀。整个街区的更新改造充分利用了厂房的特点和优势，对其原有的结构并未进行大的改动，在保留厂房原样的同时，为老厂房注入了新的活力，很好地发挥了厂房的价值。在现在名为"百戏车间"的互动娱乐体验空间中，其原建筑的功能是老纱厂、清花、喷织和整理车间。原有的一些车间装饰，像织布机、纱线、布匹、斑驳的墙皮都被保留下来变成新的元素，延续并承载着它的历史文化，在新的空间中继续存在。除此之外，在室内整体设计上还创造性地配以具有工业感的金属支架、管道，以及充满工业风的探照灯，用极简主义工业风装饰老厂房。在各个车间结合部位设有扶梯，扶梯运行部位进行透明化处理，用金属齿轮的动态运转模拟原来纺织车间生产的画面，与工业风场景具有极高的协调性，同时与纺织厂的历史巧妙融合。

值得一提的是，整个改造过程充分展现了对历史文化的延续、继承和尊重。大华纱厂曾在历史中遭遇过火灾和日军飞机的多次轰炸，留有残破的墙角、砖块、机器零件等。在将该车间改造成大华博物馆时，并没有丢弃这些残破的物件，反而重新审视其蕴含的历史价值，将其移至大华博物馆内。通过对原有纱厂的织布机器、零部件的整合摆放，利用纺纱的蜡像女工还原了整个织布的流水线，力求恢复那个年代的“大华纱厂生活”。之前用来织布的梭子被收集起来当作装饰元素，成为休息处板凳的凳面，机器零件组成墙面的装饰等，这样的改造延续了大华纱厂作为工业遗产存在的意义。空间变革后，在其命名上以怀旧的方式暗含纺织厂的车间元素，将多元的商业功能与厂房原来的空间功能结合起来，比如“织梦车间”“动力车间”“百戏车间”等，延续了其“经纶天下，衣被苍生”的企业文化与精神内核。

大华纱厂在大多数人看来只是一个流水线工厂，似乎与我们当下所定义的年轻、潮流没有太大的关系。但在当时那个年代，工业结构并未转型，工业文明仍占据主导地位，工厂就是和时下的都市白领一样时尚和前卫的存在。在今天的发展定位中，它推出独立 IP“大华青年”、涂鸦文化墙、赛博朋克集市、LIVE HOUSE 音乐节等时尚元素，将文化与艺术、商业结合起来，也可以看作是延续其文化的另一方面。

改造后的大华博物馆现在已经成了“大华 · 1935”文化街区的一个代表性打卡地。工业遗产作为一座城市在发展过程中留下的产物，在一定程度上可以算是城市记忆的载体，更多强调的是其本身具有的文化属性和蕴含的人文精神，并不仅仅是一座城市的装饰品。① 但是，"大华·1935"在空间重构的过程中不可避免地出现了一些文化断裂的迹象。在定位上，笔者通过一些网络社交平台的检索，发现其在推广过程中多将自己包装为工业艺术区、小众拍照打卡圣地、文化艺术园区等。研究者实地观察时发现，园区人流量最密集的地方是充满艺术气息的涂鸦墙一条街以及各种具有工业风、以新做旧的历史遗留建筑，可以看到很多年轻人在此支三脚架进行拍摄或直播。这与我们在社交平台上初次浏览获得的信息一致：大多数游客还是将其视为拍照打卡地而不是工业遗产改造的文化街区，只是为拍照打卡而去，与其原有的文化调性产生断裂，忽视了其蕴含的精神内核和历史价值。

图 2-5　涂鸦墙一条街

还需提醒的是，大华博物馆作为一个重要、独特的工业文明遗存，承载着厚重的历史记忆，需要一些中介帮助大众逐渐认识与深入了解。这就要求管理者进一步充分发挥好特有的资源优势，形成品牌效应，更好地记录、传播与延续大华纱厂的历史记忆。目前，博物馆虽作为西安众多高校的教育实习基地，但没有充分利用资源建立志愿讲解服务系统，馆内仅通过纱厂遗产展示、

①刘昱晓. 城市工业文化遗产保护与再利用策略研究[J]. 文化产业,2021(17):139－142.

墙挂大事记等方式进行简要展览与介绍。对于一些想要深入了解大华纱厂历史文化的游客来说，需求无法得到满足，只能是走马观花式地匆匆浏览，降低了其作为重要工业遗产的科普教育功能，对历史文化记忆断裂的鸿沟的弥合效果也会削弱。

（三）当代文化消费与传统文化消解之间的协商

“大华·1935”的更新改造固然是以文化为导向，但改造完成后必然会转向文化消费从而实现盈利，进而实现其改造工业文化遗址的初衷。因此，到访者的参观满意度和体验感成为反馈前期空间重构和未来再次进行更新、重构空间的重要参考依据。通常情况下，游客虽然不直接参与或干预“大华·1935”的空间重构方案，但其作为文化消费者的权利主体，在运营公司进行空间重构方案设计时，间接地以某种身体缺席但反馈在场的方式参与到空间重构当中。

为了迎合游客多元化的游玩体验和消费需求，进驻“大华·1935”文化街区的商户杂糅了多种类型和风格，有各种商场街区都有的连锁品牌——名创优品、奈雪的茶、屈臣氏、海底捞等，也有西安本地老陕风情的本土品牌，如小骆驼烧烤、陕拾叁等，还有一些保留了大华纱厂工业风的建筑集群、雕塑等。多元文化杂糅在一起，导致部分游客产生了消极的文化体验，且突显不出当下景观社会中“工业遗址”的独特风格与定位，游客也将其视为平平无奇的、没有什么特色的商业文化街区，文化表征已经被相对浓厚的快餐式商业氛围所掩埋。研究小组两次实地调研结果表明，“大华·1935”文化街区在“五一”黄金周期间的游客数量相较于大唐不夜城、钟楼、兵马俑等景点十分有限，并没有成为西安一个重要的文化符号和新的旅游资源的补充，游客对其作为珍贵的工业文化遗产的认知也十分有限。作为消费主体的年轻人大多是因为自己喜欢的乐队在大华的剧场——西演 LIVE·光圈 CLUB 举办音乐节而知道“大华·1935”，但也仅仅是来此欣赏乐队表演，并没有游览其他几个厂房，或者只是走马观花地浏览一遍，自然也谈不上促进和带动其他几个商业街区的文化消费，所以在非周末甚至是“五一”期间都有很多入驻的商户闭门不开。究其原因，尚未形成完整的产业链体系，旅游项目缺乏，现在“大华·1935”内部的大多数游览活动都是参观展览类，缺少可以让游客亲身参与其中的深度体验类娱乐活动。工业遗产类文化街区的旅游并不能只停留在观光游览层面，更应该对工业遗产及其所承载的历史记忆和文化有所体验。应该打造沉浸式旅游，将静态建筑与动态体验结合，最大限度地发挥工业遗产的价值，而不能一味地打造商业购物街区，消解传统文化，最后造成既不商业也不文化的尴尬局面。

事实上，文化街区倘若缺失、忘记其鲜活的历史底蕴和本土文化，便会沦为一个空洞的物理空间，不再是真实历史的载体，没有实质的历史意义可言，成为卖弄情怀的商品。因此，想要抓住年轻人，吸引年轻群体，可以另辟蹊径，策划推出一些体现大华纱厂历史文化的体验互动活动，如纺纱过程体验、服装裁剪制作等。使到访者切身参与到纺织品制作生产过程中，提高参与度和体验度的同时，也可以对历史有进一步的了解，更好地将传统的纺纱工艺发扬并传承下来。当下也有很多文化街区都在尝试这种路径，如一些红色旅游景点中，游客们会身穿红军衣服进行沉浸式游览。贵州丹寨县石桥村将源于蔡伦，载于《天工开物》的造纸技法保存至今，开设了古法造纸的非遗传承体验中心。游客们可以亲身体验造纸的整个流程，增加旅游体验感和收获感，这也促进了造纸文化的传播与传承。

可以看到，“大华·1935”文化街区在做一些尝试性努力，如在线上与线下的推广活动中均把自己定位为网红拍照打卡地、工业风、ins风拍照圣地。大华小剧场集群吸引了更多年轻人前来进行文化消费。目前，大华博物馆内开辟了一片区域设置“周末营业照相馆”，配备全套的复古家具、装饰摆件，甚至还有专业的复古造型理发师和化妆师，通过服装搭配、妆发设计、拍摄指导等，最大限度地打造出沉浸式的体验感，在当前复古风的社会潮流下破圈而出，吸引众多年轻人前去打卡。此外，他们还推出独立IP“大华青年”系列衍生品，包括帆布包、文化衫、长筒袜、抱枕等彰显“大华纱厂”复古潮流的文化周边。

图 2-6　周末营业照相馆

近年来，有学者已经认识到并不断反思景观社会进程中“同质化景点”“麦当劳”倾向。消费者们也开始对此类工厂流水线式生产出来的景点产生审美疲劳和抗拒，更愿意去尝试一些独特小众的景点。地方的、本土的、原真性的文化元素逐渐被认为是有价值的，独具特色的文化街区需要注入原有的文化与艺术，以获得人们的文化认同，从而获得可持续发展的长久动力。

五、结　语

时至今日，“大华·1935”的空间生产与变革仍在持续进行，并试图在未来将自己定位为更纯粹的文化街区：重新调整空间功能，相比于现在较为分散且并不互斥的功能区划分，重新接纳更加符合文化街区定位的文化生产者入驻，更加偏重于承接各类文化展览……历史街区的文化意义如何传承与延续，如何走得更远是现在面临的主要问题，期待在更长的历史发展变迁中发现更多充满智慧的思路。

第三章 “打卡”老钢厂：媒介仪式与集体记忆的建构

改革开放40多年来，由于传统产业结构的调整，大量工业厂区迁出城市，城区中出现了不少废弃的工业用地，由此产生了在城市社会发展过程中场地功能更新与工业区场地存废问题。2016年，我国在“十三五”规划中强调应统筹推进对工业遗产等资源的保护，鼓励在城市转型中退出生产生活历史舞台的老旧工业的再利用。北京的798工业区、上海的红坊创意区等，是工业遗产再利用初期的比较成功的案例。① 2021年6月初，由工信部新闻宣传中心主办的中国工信产业网公布了八部门联合印发的《推进工业文化发展实施方案（2021—2025年）》，实施方案将工业遗产的保护和利用放在了突出位置。在一系列相关政策的激励下，陕西老钢厂也实现了自身的华丽转变，从现代工业文明标志转变为工业文明的遗存，再到文化创意产业园，这一切可作为时空媒介，体现出不同年代西安市民的文化记忆。目前，经过改造的老钢厂设计创意产业园已成为90后以及00后眼中拍照打卡必去的地方，由此也成为新的网红打卡地。

①王靖楼. 基于老年人需求的陕西钢厂建筑再利用研究[D]. 西安:长安大学,2020.

一、从陕西老钢厂到老钢厂设计创意产业园

1958 年，在中共八大二次会议上，正式提出了“鼓足干劲、力争上游、多快好省地建设社会主义”的总路线。在工业方面，提出“以钢为纲”的口号，随之而来的是一个全民大炼钢铁的时期。陕西省委和西安市委根据总路线精神的要求，为打破陕西没有钢铁的窘境，决定在西安市东郊建一座钢铁厂。1958 年 7 月 1 日，西钢会战破土动工，揭开了大会战的序幕。

1964 年 5 月，根据毛泽东关于国家战略的思想，中共中央做出了开展三线建设、加强战备的重大战略部署。冶金部根据中央关于三线建设中冶金军工产品的布局调整计划，决定在西安建设一个生产军工产品的特殊金属制品厂，其代号为冶金部五二厂。1964 年 9 月 20 日，大连钢厂选址小组抵达西安。选址小组经过反复摸底、考察和调研后，决定利用原西安钢厂旧址安置内迁。1964 年 9 月，冶金部决定将沿海的大连钢厂精密合金车间和特钢钢丝车间一分为二，内迁西安。另将上钢二厂、抚顺钢厂等企业的部分人员西迁，支援五二厂。1964 年 12 月，随着十三冶西安建设指挥部的成立，五二厂会战拉开了序幕。1965 年 7 月至 10 月，以大连钢厂为主，来自全国 8 个省市 18 家单位的 200 多名内迁职工陆续抵达西安。1979 年 9 月 27 日，第二期车间建成投产，标志着陕钢二期补建工程结束。至此，一个比较完整的特钢生产体系初步形成。

陕西钢厂从 1978 年到 1988 年，进行了十年改革发展和不断探索。1992 年 10 月，中共十四大正式提出建立社会主义市场经济。在十四大精神的鼓舞下，国内大中型钢铁企业普遍开始建立现代企业制度。然而，从 1996 年开始，陕西钢厂受资金、市场等因素的困扰，出现了生产经营滑坡。1998 年，运转了 39 年的陕西省最大的特钢企业被迫停产。2002 年 10 月 26 日，陕钢厂正式宣布破产。2014 年 3 月，国家颁发了《国务院关于推进文化创意和设计服务与相关产业融合发展的若干意见》，旨在推进文化创意和设计服务等新型、高端服务业发

展，促进与实体经济深度融合。在新的形势下，集团公司、西安世界之窗产业园投资管理有限公司和西安建筑科技大学华清学院共同组建了西安华清创意产业发展有限公司。在有效保护和利用原陕钢工业遗存的基础上，秉承“旧厂房、新生命”的开发理念，对原陕西钢厂车间老厂房重新定位、规划、改造，着力打造以设计创意为主题的老钢厂设计创意产业园。

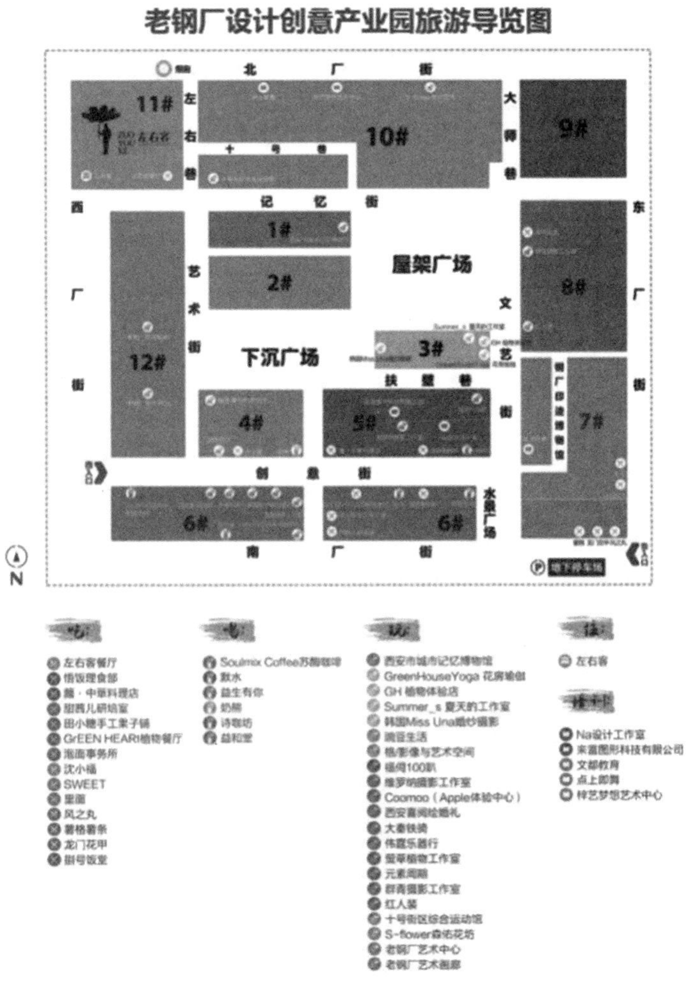

图 3-1 老钢厂设计创意产业园旅游导览图

改造后的老钢厂改名为老钢厂设计创意产业园，总占地面积约3万平方米，改造后总建筑面积约4.5万平方米，单元面积100平方米至2000平方米，层高达3.9米至7.8米，绿化覆盖率达30%以上。老钢厂依托西安建筑科技大学的人文资源，打造西安市设计创意及文创产业聚集地。目前园区入驻企业、商户约140家，吸纳就业人员约2500名，其中包括设计类、文创类、互联网科技等创新类企业，并获得“陕西省文化产业示范单位”“陕西省众创空间”“陕西省创业孵化基地”“陕西省知识产权示范众创空间”“陕西省网络经济优秀园区”“西安市众创空间”“西安市创业孵化基地”“西安市见习基地”“新城区双创示范基地”等多项授牌，形成西安乃至西北地区的设计创意产业基地，在区域内和创意圈层具有一定的影响力。

二、作为集体记忆的时空媒介

1925年，法国社会学家莫里斯·哈布瓦赫在《论集体记忆》一书中最早提出了“集体记忆”（Collective Memory）的概念。他认为：“集体记忆是一个特定群体的所有成员对其过去所形成的一幅图画，每个成员的个体记忆以这幅图画的框架作为支撑，从中找到证实自身记忆的线索并补充其记忆中的空白。”其中，一个非常重要的东西就是“记忆的场所”，不论它是物质或非物质的，由于人们的意愿或者时代的洗礼而变成一个群体的记忆遗产中标志性的元素。老钢厂于20世纪50年代建厂，工人曾在车间里辛勤工作，在厂区里生活。可以说，跨越半个多世纪的老钢厂，承载着几代钢厂人的集体记忆。

（一）老钢厂是特定时代的记忆场域

老钢厂既是记忆的载体，又是传播的媒介。康纳顿在其著作《社会如何记忆》中强调：“我们对现在的体验很大程度上取决于我们有关过去的知识，我们在一个与过去的事件和事物有因果联系的脉络中体验现在的世界。[①] 我们对现在的体验，大多取决于我们对过去的了解；我们有关过去的形象，通常服务于现存社会秩序的合法化。”[②] 陕西老钢厂不仅是中国重大历史事件、历史人物、行业变迁的重要见证，也是工业发展和科技进步的重要表征，在具体层面也反映了特定时期的特殊记忆及其变迁。老钢厂设计创意产业园是城市文化遗产的重要构成部分，是一种特殊的城市空间形态，对城市历史及文化的延续有着重要的意义，并成为一个城市的集体记忆。因此，它不仅是一个物质的空间，也是一个精神的空间，同时还是一个社会的空间。

走进老钢厂，穿越时空的感觉瞬间将人带回二十世纪六七十年代：这里依旧保留着机器运转时的结构；各个厂房外用钢铁建成一号房、二号房、三号房……二层楼的楼梯、高高拱起的屋顶，全部用钢铁建造。这座厂已经形成一个巨大的钢铁符号，昭示着这里曾经是一个辉煌的大型炼钢厂。这独特的空间符号传达出有形的印记和无形的记忆。作为当时的一个大型特种钢企业，老钢厂的沉浮展现出时代的变迁：从五二厂初建时期的岗位坚守，到改革开放时期的治理整顿，再到“八五”期间的技术进步与品种开发等，老钢厂将当代中国各个历史阶段的工业发展，甚至社会思潮浓缩、融入金钢铁瓦的框架之中，更将历史的年轮、时代的画面存储于这一座工厂。

作为“记忆的场域”，老钢厂本身就是一个载体，同时又是传播的媒介。俄国文化符号学家尤利·洛特曼和鲍里斯·乌斯宾斯基一再强调文化记忆对某些实践和媒介的依赖性。换言之，文化记忆不会自动地进行下去，它需要一再地重新商定、确立、传介和习得，同时需要借助外部的存储媒介和文化实践来进行建构。[③] 老钢厂的厂房、员工宿舍和制钢机器形成的时空媒介，与它所承载的记忆

---

①保罗·康纳顿. 社会如何记忆[M]. 纳日碧力戈，译. 上海：上海人民出版社，2000：2.

②保罗·康纳顿. 社会如何记忆[M]. 纳日碧力戈，译. 上海：上海人民出版社，2000：4.

③郑晨. 故宫夜场“灯会”的媒介仪式叙事与文化记忆建构[J]. 新闻前哨，2019(8)：86－87.

一起共同建构了集体记忆的回忆空间。

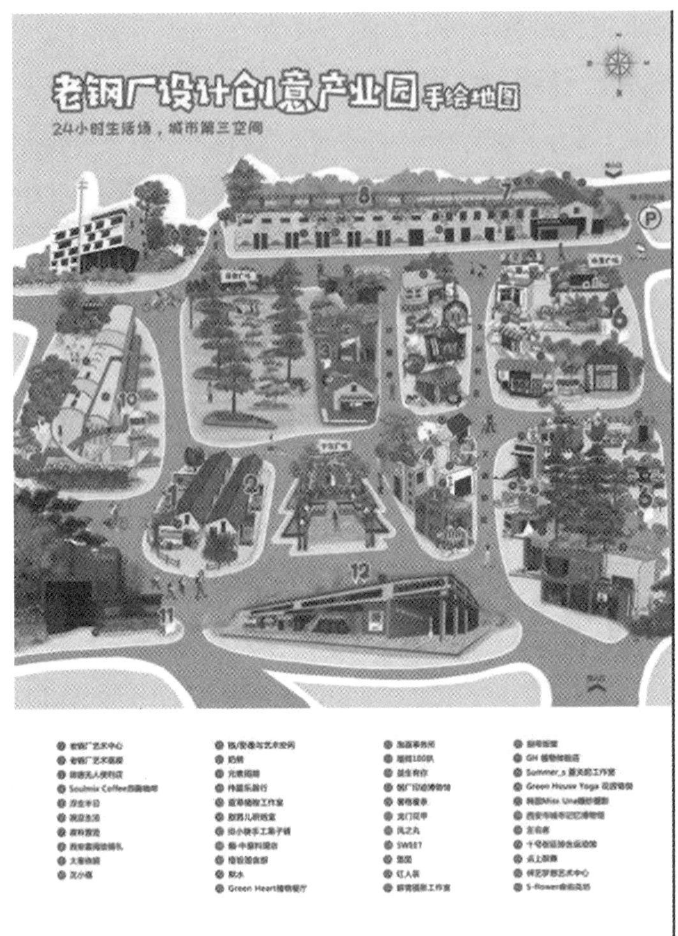

图 3-2 老钢厂设计创意产业园手绘地图

（二）储存和传递民间记忆的城市记忆博物馆

老钢厂的各个区域被有效地利用起来，重新焕发出新时代的生机。之前的老旧住宅区被改造成各种文创馆，如一家粉色的棉花糖小屋，里面摆满了店主亲手制作的各式各样精美的棉花糖：粉色的猫爪咖啡，红粉相间的立体花朵，粉色的小兔子、黄色的小鸭子，还有马卡龙色系的棉花糖。小店吸引了很多年轻顾客，男孩子买来送给喜欢的女生，女孩子买来送闺密。傍晚时分的广场上，有坐着看报的老人、拍摄视频的学生、带着孩子的夫妻、快乐玩耍的孩子，还有奔跑的小狗。这个时段的老钢厂由一个独特的钢铁符号，变成了浮躁世界里的一片清静之地。

图 3-3　印迹博物馆内的齿轮

图 3-4　印迹博物馆

更为重要的是，老钢厂中心的城市记忆博物馆里，陈设着锅、碗、瓢、盆、篓子、锄头等近百年来城市人日常生活中的寻常物件。如果说老钢厂印迹博物馆是以社会主流意识为主导的历史记忆，那城市记忆博物馆则是民间记忆的储存地和传播地。城市记忆博物馆墙上的灰白照片记录着 20 世纪西安人的生活风貌：挤在巷子里比赛，大人在街上唠嗑，小孩骑着三轮童车玩耍，调皮的孩子在结冰的路面上滑冰。老物件和照片不但承载着记忆，更承载着这一代人记忆背后的情感。博物馆的大屏幕上播放着人们对老物件的回忆故事：一把镰刀出现在视频中，一位退休职工朱先生开始讲述他和镰刀的故事；自由职业者颜女士回忆起她与饼干盒的故事；艺术家钟先生回忆的是关于一双筷子的记忆。每一个老物件在回忆中被赋予了情感和意义。它激活了人们对于以往的记忆，传播着角落里的故事。

（三）构建集体记忆的线上老钢厂

伴随着当下这一代人集体记忆的不仅是实体的老钢厂，还有线上的老钢厂。如今，老钢厂和城市记忆博物馆开通微信公众号，发布关于老钢厂和老物件的信息，包括周边活动以及其他与城市记忆有关的推送。很多受众并没有去过现场，而是在线上浏览关于老钢厂和博物馆的信息。城市记忆博物馆还发起了“城市记忆 1000 +”的活动，有短片拍摄计划、照片征集计划、视频征集计划、文字征集计划和展品征集计划。收集老物件以及人们对于老物件的记忆，成为城市发展的见证。如今，“城市记忆 1000 +”计划已经有很多参与者，而这些讲述故事的人和听故事的人共同建构了线上老钢厂的集体记忆。

三、成为网红拍照打卡地的老钢厂

詹姆斯·W. 凯瑞提出传播的仪式观并认为其“并非只指讯息在空中的扩散，而是指在时间上对一个社会的维系；不是分享信息的行为，而是共享信仰的表征”。凯瑞将“传播”一词的原型隐喻为一种“以团体或共同的身份把人们吸引到一起的神圣典礼”，并最终判断“传播的起源和最高境界，并不是智力信息的传递，而是建构并维系一个有秩序、有意义、能够用来支配和容纳人类行为的文化世界”。老钢厂作为网红打卡地吸引人们前来打卡，在特定的地点拍摄照片并上传至社交媒体，这样一系列的操作使得老钢厂以网络共同体的身份形成了一种媒介仪式，建构来自不同地域、不同职业，在不同时间、同一地点的仪式。或者说，去老钢厂打卡本身就是在参与一种仪式观。传播仪式观视域下的媒介，已从面对面到电视直播参与再到移动终端参与，但始终不变的是人们对于媒介仪式的参与感以及由此形成的集体记忆。老钢厂网红地打卡的媒介仪式，目的就是通过媒介仪式号召人们来到此地，感受当年和现在的城市文化和城市记忆。

老钢厂的网红打卡地内容丰富，风格多样。老钢厂的外缘有一圈斑驳的树影洒在栅栏上，透过树隙拍照，阳光打在脸上，明亮又清新。外缘到中间的各种宽窄巷子是另一个拍照打卡的好地方——整齐排列的长方形柱子隐匿在屋檐下，上面挂着爬山虎，充满静谧温柔的气息。在这里打卡，仿佛穿越到二十世纪六七十年代，体验时空交错之感，也可以与老物件一起拍照打卡，将满载过去的回忆定格在一张张照片里，还可以与老照片一起构成光阴流转下的另一个回忆。当然，也可以将老钢厂文化创意中的“潮”作为打卡元素，如墙上刷着各种颜色的涂鸦，明亮的黄色、鲜艳的红色、蓝色、黑色无规则地出现在一整面墙上。涂鸦的符号体现着对规则的破壁，毫无逻辑泼洒的油漆是自由随意的生活态度。在这里打卡，可以戴着墨镜、穿着嘻哈装，拍一组酷酷的照片。每一家文创店面都是一个打卡的好地方：花店门口不同品种的花搭配在一起，还有大盆小盆的绿植，没有醒目的广告，但一眼便知这家的花定是经过主人精心修剪的。还有一家叫“荷创学堂”的小店，店名写在原来使用过的钢材上，爬山虎错落地半垂着，明暗的灯管从爬山虎中间透出，发出温柔的光。在这样一个富有诗意的地方，手拿画笔坐在画板前，手上画的是风景，照片里的人也成了风景，在这里拍照打卡又是一种文艺美。可以说，在老钢厂的各个不同风格的打卡处拍照打卡，是新时代人们对于老钢厂新的集体记忆。

图 3-5　老钢厂的小巷子

在老钢厂拍照打卡的仪式中，拍照是仪式化内容，打卡则是仪式化传播。来到此地的游客有的在朋友圈发布美照，配上适宜的文案，最后加上定位，完成了媒体的仪式化传播。有人喜欢在朋友圈发布打卡信息，有人喜欢在微博发布老钢厂的打卡信息，这些信息发布在互联网，引来众多受众观看。新的受众接收到老钢厂的信息，对老钢厂设计创意产业园产生兴趣，作为下一波游客来到这里重复上述仪式，新受众的朋友圈或者好友圈又会引来下一轮希望来到老钢厂的受众。就这样，经过多次拍照和重复打卡，线上形成了网红打卡地的热潮，线下则形成了一种仪式。同时，传播圈层开始由小变大，最初的游客打卡只是发在朋友圈这种较为私密的小圈层，慢慢扩展到具有开放性的微博，陌生人也会随手点赞。如今已经发展到“网红带货”了。在“小红书”“抖音”“知乎”上搜索老钢厂，已经可以出现几万条信息。从最开始的介绍打卡地位置，到介绍老钢厂的各个拍照点，再到分享拍照姿势、衣服穿戴、妆容发型，甚至是后期修图，介绍详尽。一开始老钢厂凭借自身优势吸引游客打卡拍照，后来网红凭借老钢厂提高浏览量、点赞量和粉丝数。随着拍照打卡的人越来越多，线上已经分化出两种传播方式：一种是营销式的，其目的是通过剪辑配音的精美视频或者精修过的图片，介绍老钢厂的各种信息，提高观看量；另一种是纯路人打卡，发好友圈分享喜悦。无论怎样，介绍老钢厂的文字、视频无形中加深了人们对于老钢厂和那个年代的理解，使受众在观看图片、倾听介绍的过程中感受到老钢厂的魅力，很大程度上增强了打卡拍照的仪式感和参与性，同时也加深和升华了普通游客对于集体记忆的情感。

图 3-6 小红书上的老钢厂

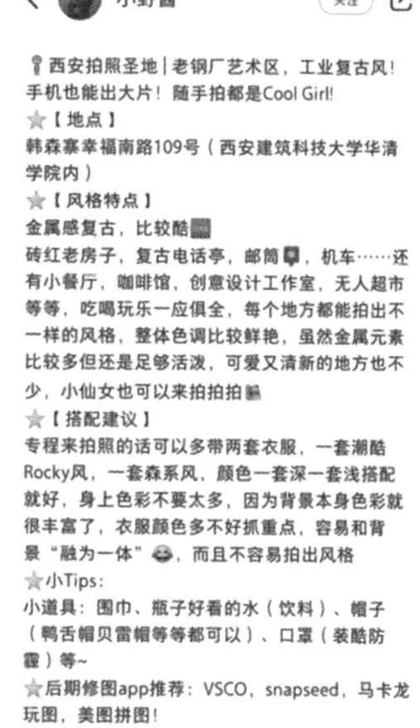

图 3-7 小红书上的老钢厂打卡攻略

网红拍照打卡本身成了一种“集体庆典”。在特定的时空环境中，媒介本身在传播的过程中转变为一种仪式。拍照打卡不仅是游客对自身情绪的释放，其背后也是社会关系中的自我呈现。不论发布者当天的心情是怎样的，发布的这则消息的样貌都是他想要呈现在“前台”的样子。其他好友会点赞、评论，这既是一个互动的过程，也是一个建立社会关系的过程。营销号发布的拍照打卡，交流的人更多，并且来自不同圈层，构建起弱连接的社交。拍照在线下，打卡在线上。将线下完成交流的主题，放在线上进行交流，增强不在场人的参与感，共同完成仪式的传播。

四、以参与媒介仪式来生成集体记忆

老钢厂设计创意产业园的仪式化传播是以老钢厂和新型媒介为载体，在这个空间内建造出一个“想象的共同体”，以激发人们对老钢厂的记忆和集体认同感。

一是受众参与到媒介仪式中，用亲历者的感受来构造集体记忆。任何仪式活动都需要参与者，在《媒介事件：历史的现场直播》一书中，戴扬和卡茨讨论了观众参与重大媒介事件的模式：“观众受邀前来并提前好几天就做好准备。事件进行了很好的宣传和排练，观众知道那一天会发生什么并寄予期待。”① 在老钢厂设计创意产业园改造完成后，公众号等新媒体开始为老钢厂进行宣传，还有为此专门拍摄的宣传片。网络博主的宣传、人们的口耳相传，都促使创意产业园成为网红打卡地。从某种意义上来说，这就是老钢厂对游客的一种召唤，让游客参与其中并乐在其中。一年四季，老钢厂召唤游客的方式各不相同：春季，老钢厂设计创意产业园会举办野餐活动，包括破冰游戏、瑜伽体验、野餐、DIY 多肉种植、游园打卡拍照等多种活动项目，每一项都需要游客的全程参与，体验感十足；夏季，老钢厂设计创意产业园会进行名为“光阴故事 · 映像老钢厂”的摄影征集活动，征集在老钢厂拍摄的优秀作品或者短视频，让人们在拍

①郑晨. 故宫夜场“灯会”的媒介仪式叙事与文化记忆建构[J]. 新闻前哨,2019(8):86 - 87.

摄、投稿中结识更多热爱城市记忆的人，在展览中不断扩大对这座厂的印象；秋季的老钢厂美不胜收，老钢厂设计创意产业园公众号会发秋季的美图，提出话题：“这个周末你想跟谁一起来老钢厂赏秋？”用奖励幸运用户的方式提高受众的参与度；在寒冷的冬季，老钢厂设计创意产业园会发起温暖的表白活动，在“网红气罐墙”上写下爱意和告白，在“告白楼梯”用喜欢的歌词进行甜蜜的回忆。 除了园区管理者举办的大型参与活动之外，创意产业园里的很多小店都可以让游客体验到“参与式”快乐。 例如，小小美术馆的手绘风筝；在手工创意体验课的课堂上 DIY 创意草帽来体验美工乐趣，还可以在“西陶之恋”体验学习陶艺的快乐。

图 3-8　微博上的老钢厂

二是通过各种仪式活动，增强人们的情感互通与精神凝聚。 詹姆斯·W. 凯瑞认为“传播的仪式观是在时间上对一个社会的维系，是共享信仰的表征”。 老钢厂打卡起到了促进人与人沟通、交流的作用。 很多人会跟朋友来到此处，远离网络世界，实地游览，促进与身边朋友的交流，增进彼此的感情。打卡上传至朋友圈，是与亲朋好友交流的另一种形式。打卡老钢厂是一个交流的话题，起到“引导交流”的作用，促进与除身边朋友之外的其他人的交流，也是归属感的体现，更增强了团体间的凝聚力，对于理解老钢厂背后的文化意义也具有促进作用。此外，老钢厂设计创意产业园的多个活动本身也成为文化传播的媒介。如“岁月如歌，时光永恒，又见1978”活动，通过展览20世纪80年代的物件、复刻年代场景馆、联欢会演等一系列怀旧的形式，唤醒人们关于20世纪80年代的记忆。参加活动的人员可以身着20世纪80年代的标志性服饰——贝雷帽、蛤蟆镜、喇叭裤、运动服等，同老物件、老钢厂一起复现当年的情景，进行历史的集体回忆。又如，位于产业园区内的城市记忆博物馆举办的“见面”系列活动，人们来到博物馆，听讲解员讲解以前的生活用具，倾听老物件的故事。这些老物件对于年轻一辈人来说是稀奇的，当他们触摸着老物件，听着老故事，品尝着现场演示的手工擀面，这本身就是一种记忆和传统文化的传承。再如，老钢厂会举办各种艺术展，如工业遗存里的奇“艺”世界，西安建筑科技大学华清学院毕业展也在老钢厂举办。毕业生作品《读山》《茶艺之韵》，完美展现了中国古代山水和茶艺之美；油画《丝绸之路一角》展示了丝绸之路上，人们在沙漠中骑骆驼的绝美场景。还有，在大风车西安国际动漫游戏展上，可以体验到多种类型的游戏，正版授权IP登场以及大量手办，唤醒了老钢厂设计创意产业园的活力。此外，老钢厂的其他艺术展，如“悦迹婚礼展”“《舞者生命》花艺艺术展”“我们·艺术展”等各种展览，以老钢厂设计创意产业园为媒介，吸引着无数游客，激发起他们的集体参与感和认同感。

三是举办主题论坛来建构集体记忆。“通过借助集体记忆、共享的传统和对共同历史和遗产的认识，才能保持集体认同的凝聚性。”从2015年开始，老钢厂设计创意产业园每年定期举办城市复兴论坛。论坛邀请全国顶尖的专家学者、行业先锋人物进行分享与研讨，研讨主题从最初的“老区工业蝶变”到“工业遗存的重生”，再到“遇见 · 旧物仓”，再到“传承历史 · 创见未来”，再到2020年的“从复苏到复兴 · 见证城市发展之变”。以老钢厂为传播载体，在这个场地举办论坛，对城市历史、城市遗留问题进行研讨，不仅有利于城市文化的发展，还可以解决一些城市发展中存在的问题。城市的发展承载着一代人的集体记忆。对城市发展中物质文化遗产与非物质文化遗产的保护与延展，可以有效保存城市记忆，形成对城市发展的集体认同，同时也会增强团体凝聚力。在中国共产党建党百年之际，老钢厂设计创意产业园推出老钢厂红色七月主题系列活动：“红色地标里的党史”是党史学习教育的“加油站”，回忆中国共产党从创办之初到如今的波澜壮阔；“为党闪动”是7月1日在老钢厂下沉广场举办的“为党闪动”活动；“弹唱红歌”在红色七月弹唱酒馆进行，为党的生日献唱。一系列活动既唤醒了人们的民族情感，也能激发人们的凝聚力与集体认同感。可见，以老钢厂为媒介，各种活动和展览在此开展，人们在此地交流沟通，老钢厂就是媒介仪式的承载者。从这个意义上来说，老钢厂本身就是凝聚集体记忆的时空媒介。

五、老钢厂设计创意产业园的符号表征

詹姆斯 · W. 凯瑞认为，符号具有双重功能：“符号既是现实的表征，又为现实提供表征。”① 老钢厂设计创意产业园运用了丰富的艺术形式与文化符号，包括印迹博物馆和城市记忆博物馆等建筑文化符号、陕西特色饮食文化符号等。如陕西钢铁厂的旧厂房内存放着年久失修的大型轧机的齿轮件，设计师将它们保留下来，将轧机的齿轮件移至园区入口草坪处，成为园区内一个独特的景观小品。陕西钢铁厂煤气制造站的两个大型排气扇，经过艺术家们的重新设计，成为两架大风车式的雕塑作品。这些老物件经过设计、改造与转场陈设之后转变

①詹姆斯 · W. 凯瑞. 作为文化的传播：“媒介与社会”论文集[M]. 丁未，译. 北京：华夏出版社，2005：17.

成具有一定艺术价值的作品。按照皮尔斯的符号分类，陕西钢铁厂旧厂房的老物件同时具备指索符号和象征符号的特征——每每看到大型轧机的齿轮件、排气扇，总是先联想到20世纪陕西老钢厂蒸蒸日上的大炼钢时代。说明大型轧机的齿轮件、排气扇作为符号和老钢厂这个符号对象之间存在着明确的对应关系，这就是指索符号所具有的特征。而大型轧机的齿轮件、排气扇等，还能让人们联想到老钢厂工人不怕苦、不怕累的炼钢精神，这是象征符号的独特功能。

图3-9　老钢厂设计创意产业园的艺术车轮

老钢厂设计创意产业园符号的中介呈现。文化的传播、记忆的传承需要载体来呈现，老钢厂设计创意产业园就是这样一个作为符号的载体。特别是在虚拟信息泛滥的时代，最初的、最本真的实物符号往往会带给人们别样的感受，如在城市记忆博物馆内陈列的老物件，过去是生活用品，现在则是城市变迁的符号。到访者用手触摸，亲身体验老物件的用法，从某种程度而言，老物件既连接了过去与现在，也连接了新旧两代人。还有，在老钢厂印迹博物馆门口白色的砖墙上悬挂着一片黑色齿轮，这些齿轮有大有小，齿轮形状也各不相同：有的齿轮中间呈五角形，有的呈圆孔状；齿轮的锯齿有宽有窄，有尖头有圆头。在老钢厂轰隆隆运行的年代，这些齿轮被各自安装在不同的机器上，履行着自己的使命。现在，它们停止转动，静静地供人们观赏，老钢厂也结束了原本的使命。每个齿轮挨着另一个齿轮，锯齿与锯齿之间好似重合，又好似不重合，形成一个独特的创意符号。在新的时代里，齿轮又有了新的功能：它是老钢厂过去与现在的中介，也是老钢厂的变迁证明之一。

图 3-10 老钢厂设计创意产业园一角

老钢厂设计创意产业园不断进行着符号再生产。符号是信息意义的外在形式或物化载体，是事物表述和传播中必不可少的一种基本要素。所谓意义，就是人对自然事物或社会事物的认识，是人给事物赋予的含义，是人类以符号形式传递和交流的精神内容。如果说老钢厂本身遗留下来的钢材、厂房、钢架结构是符号本身，那钢铁工人的精神就是这些事物的符号意义，即钢材本身是符号的能指，它所指的是那个时代的面貌和精神。老钢厂设计创意产业园在废弃厂房的基础上进行改造，增加和改变了一些符号，也赋予了原有遗留物新的符号意义。如原老钢厂的 12 号厂房，内部矗立着高大的钢柱，屋顶横跨整个厂房的梁子，与其他建筑材料纵横交错。整个厂房高大宏伟，仿佛可以听见当年机器的轰鸣声。在这样结构的厂房基础上，设计者增添了大幕布、吊灯，栏杆，把这个宏大宽阔的炼钢场地变成了一个室内活动中心。很多盛大的活动如“我们·艺术展”“西安城市复兴论坛”等在此举办，还有各种创意展览、学术沙龙、品牌发布、年会晚宴、室内演出、嘉宾宴请等活动都在此地开展。这些现代的场地使用方式赋予了以 12 号厂房为代表的符号崭新的意义。又如，老钢厂的其他复古建筑本是厂房的墙、厂房的楼梯、厂房的大门，是工业符号的象征。如今，这些复古建筑是拍照的美丽背景与合适场景——这是许多年轻情侣喜欢来的地方，台阶上写满了情话、歌词，有很多新婚夫妇到此地拍照。再如，生锈了的厂房大门，一旁大红色的蔷薇花抵消了它的荒凉感，给这里增添了一丝惬意。这些墙、厂房和台阶在新时代、新的改造中由工业符号转变为文化象征符号，在当代背景下赋予了符号新的意义。

老钢厂设计创意产业园符号的生产与消费。法国社会学家让·鲍德里亚在《消费社会》一书中提出："更受吸引的不是物品本身的功能，而是某种被制造出来的象征性符码意义；符号价值成为商品继使用价值、交换价值后的第三种价值；消费的主体是符号的秩序。"①当代社会经济迅速发展，人们在物质消费的基础上还需进行"情感的消费"以寻求精神上的满足。老钢厂设计创意产业园引进了多种文化产业。其中，"左右客"设计酒店就是在原老厂房的基础上改造而成的，但并未改变厂房原有的构造，而是顺应其原貌，运用铁锈板、钢材、古旧红砖进行装饰，打造出一家独具"工业风"的酒店。还有"若愚工坊"，可以说这是一家运用艺术打造的实用购物天堂。这家店的每一件物品都充满了艺术感，复古风、美式风、田园风、混搭风等不同的图案有着不同的搭配，整体呈现的混搭风格不失美感。而且每一件商品既是日用品，又是艺术品，将艺术品与实用品完美融为一体，在消费日用商品的同时还可以进行艺术审美。再说"哈哈烤吧"烧烤店，店面是废弃厂房的大门，大门里是小院子，门口的一棵大树下是纯木板做的小桌子，上边放着几瓶酒。这些装饰使得这个烧烤店有一种自然、静谧、质朴、惬意之感，在老树下与朋友小酌，在小院中和好友享用烧烤，其乐无穷也！值得提及的是"乱码长安"，这是一个原创潮流艺术展览 IP，其作品运用网络用语与色调，潮流的艺术表现方式，迎合了年轻人的精神趣味。

当然，在老钢厂设计创意产业园随处可见的符号消费中，还需注意的是平衡好商业与文化符号的关系，不能让消费者感受到商业气息大于文化气息。一旦文化符号的消费完全变为商业符号的消费，那文化街区就失去了其主要意义。

---

①让·鲍德里亚. 消费社会［M］. 刘成富，全志钢，译. 南京：南京大学出版社，2020：7－9.

六、文化街区的商业取向及存在的问题

在老钢厂设计创意产业园，各类特色文化符号建构起了一个不同年代人们集体记忆的特殊空间。在新媒体迅速发展的当下，老钢厂和城市记忆博物馆开通微信公众号，及时迅速地发布关于老钢厂和老物件的信息，吸引城市中更多参与者讲述关于老钢厂的故事，从而共同建构线上的集体记忆。但是老钢厂设计创意产业园也是一个商业场所，在其文化传播的过程中既有值得借鉴的地方，同时也存在几个问题。

（一）未能明确凸显多样传播渠道中的文化内核

以微博、微信、短视频为主的社交媒体蓬勃发展，老钢厂设计创意产业园搭乘新媒体的快班车，老钢厂和城市记忆博物馆开通微信公众号，发布关于老钢厂和老物件的信息，更新活动预告以及其他与城市记忆有关的推送。尽管老钢厂内平日总体人流量较大，但大部分都是华清学院的师生、入驻企业的员工以及相邻华清学府城的居民们，外来游客和专程参观老钢厂设计创意产业园的人相对较少。① 老钢厂设计创意产业园将当代艺术、建筑空间、文化产业、历史文化及城市生活有机融合，以“SOHO 式艺术群落”与“LOFT 式生活方式”为主题，集创意办公、创意集市、信息交流、产业研发、自主创业为一体，是西北首家以设计创意为主题的文创园区。1 号厂房在老钢厂设计创意产业园再利用时的功能被定义为城市记忆博物馆，但是经过实地考察发现，这里的建筑几乎为闲置状态。② 不仅如此，尽管城市记忆博物馆陈列着老钢厂 20 世纪的老式炼钢工具，展示着老钢厂 20 世纪 50 年代至今 70 多年的发展历程，但是经过实地考察发现，消费者多在老钢厂具有复古气息的小巷子里穿梭拍照，对于老钢厂的历史沿革并不会关

①②王靖楼. 基于老年人需求的陕西钢厂建筑再利用研究[D]. 西安：长安大学，2020.

注太多。究其原因，是旧工业遗址改造普遍存在文化内核提炼度不够的问题，导致参观者参观后没有太多记忆，感动一下回去就忘了，普遍缺乏价值认同，未能激发参观者的情感共鸣，甚至出现参观者对重大历史事件和人物事迹选择性记忆的现象。

（二）旧工业遗址保存利用中代际交流受阻影响集体记忆传递

华清学院教学区和老钢厂设计创意产业园是陕西老钢厂现存建筑的两部分。华清学院教学区的教学楼、图书馆、食堂分别是原钢厂轧钢第一车间、第二车间、酸洗车间、煤气发生站。原钢厂保留的12栋旧建筑厂房，全部被改造为老钢厂设计创意产业园。然而，老钢厂的旧厂住宅，房屋面积相对较小，并且为多层建筑，没有电梯，周边能提供给年轻人工作的现代化写字楼和信息化产业非常少，更没有能满足年轻人需求的高端时尚的商业综合体。老钢厂职工的子女多数选择搬出去住，导致区域人口老龄化现象突出。① 曾经为老钢厂的发展做出贡献的年轻人已进入老年阶段，他们当年工作奋斗过的工厂有的拆除之后被新型建筑所替代，有的则被改造再利用，但其新功能不适用于老年人。随着时间推移，周边的历史建筑逐渐消失。与此同时，老年人脑海里对往事的记忆也随之变淡。因此，虽然旧工业建筑是社会历史遗存的体现，改造后的老钢厂在功能和设计方面非常现代且实际使用效果好，但是现代化的设计与改造没有很好地将此地区的历史记忆传承下来。正如康纳顿所感叹的那样："代际交流受到不同系列的记忆阻隔之后，这种情况也许最为显著。跨越不同的时代，不同系列的记忆经常以暗示性背景叙述的形式，互相遭遇。这样一来，不同辈分的人虽然共处于某一个特定场合，但他们可能会在精神和感情上保持绝缘，可以说，一代人的记忆不可挽回地锁闭在他们这一代人的身心之中。"②人们的记忆受到时间、

①王靖楼. 基于老年人需求的陕西钢厂建筑再利用研究[D]. 西安：长安大学，2020.
②保罗·康纳顿. 社会如何记忆[M]. 纳日碧力戈，译. 上海：上海人民出版社，2000：3.

情感等因素的影响，会出现选择性注意和选择性记忆。因此，人们的记忆充满了选择和遗忘的过程。集体记忆与人的记忆类似，同样具有主观性，同样会出现被遗忘和扭曲的倾向。集体记忆是对过去的一种选择性建构，它是一个意义生产的过程，只有通过去粗取精、求同存异才能停止记忆消融，实现交流互动。关键在于精确提取其最核心的价值精神，并将其整合为符合时代需求的方式而进行社会再现。

（三）拍照打卡提升园区知名度的同时还需鼓励互动参与

打卡本来是描述上班签到或者结账刷卡的日常口头语言，当下的年轻群体把他们在一些网红空间体验、消费的经历和拍摄的精美照片发布到社交网络上的一系列行为也称为打卡，并赋予了它新的含义——体验留念。在老钢厂拍照打卡活动中，拍照是仪式化的内容，打卡则是仪式化的传播。在“小红书”“抖音”“知乎”上搜索关键词“老钢厂”，会出现上万条信息。从最开始的介绍打卡地位置，再到介绍老钢厂内各个值得拍照的地点，分享各种优美的拍照姿势、衣服穿戴、妆容发型，甚至是后期如何修图，社交媒体上都有详尽的介绍。来到老钢厂的游客给自己拍的各种精致照片配上充满文艺气息的文案，再进行定位，最后发布在自己的朋友圈，既完成了媒体的仪式化传播，又利用社交媒体的共享性扩大了老钢厂的知名度。然而，老钢厂设计创意产业园作为一个商业街区和建筑实体，其进行传播的时间和空间都是无法改变的，其中的各种文化符号都是以固定的形式向消费者进行展示。印迹博物馆以文字和图片结合的形式向前来参观的游客展示陕西老钢厂几十年的发展历程。在实地调查中，笔者看到鲜少有人会耐心看完印迹博物馆的介绍。城市记忆博物馆是老钢厂另一个具有文化意义的场所，在城市记忆博物馆里能够看到的仅仅是各式各样的老物件，以及滚动播放的关于老物件背后故事的视频。除此之外，在老钢厂的街头巷尾，还可以看到婚纱摄影团队、年轻群体在充满年代感的巷子里面拍照。老钢厂设计创意产业园没有专门设置体验式互动项目，导致消费者仅仅在这里拍照打卡、品尝美食后就离开了。

对上述几种情况地纠偏，特别是针对文化主题街区的文化传播，可尝试以下几种创新发展路径。

（一）强化文化符号表征以构建体系化的文化主题街区

符号既是现实的表征，又为现实提供表征。① 为了建构符号系统来表达文化内涵，老钢厂设计创意产业园运用了丰富的艺术形式与文化符号，包括印迹博物馆和城市记忆博物馆等建筑文化符号、陕西特色饮食文化符号等。但是老钢厂设计创意产业园的文化符号多体现在整体建筑景观上，细节装饰上的文化符号有待强化。

在此，可以参考陕西另一文化街区袁家村所采用的民俗美学符号。坐落在陕西省咸阳市礼泉县烟霞镇北面唐太宗昭陵九嵕山下的袁家村，其领导者朝着环保、生态、绿色的发展观念转变，带领全体村民大力开发无烟工业——旅游业，创建民俗、民风体验一条街，集中展示明清以来关中农村生活的演变。建筑是空间中最能体现区域文化认同的符号。袁家村不论是整体建筑风格，还是细节装饰，都充满了具象的关中民俗文化符号。譬如，袁家村注重构建建筑装饰的文化符号，庭院角落布置着传统宅院斑驳的梁柱等构件，使得整个院落环境更古朴有韵味，既渲染了建筑氛围，又是庭院装饰构件中的点睛之笔，让生活在城市的消费者切实体验到了关中最为传统的民居风格。同时，散发着农家气息的石马槽、石磨、木轮、犁耙、发黄的藤椅，都塑造着关中农家的田园风光。此外，把车轮改装成吊灯，马槽改装成茶几，车架改装成桌子等，这些现代情趣融入传统民俗的手法，使得袁家村的“民俗味”更加浓郁。② 袁家村注重构建建筑色彩、建筑装饰、建筑雕刻、建筑铺地等细节处的文化符号。老钢厂设计创意产业

---

①詹姆斯·W. 凯瑞. 作为文化的传播:“媒介与社会”论文集[M]. 丁未,译. 北京:华夏出版社,2005:17.
②张莹. 消费符号与空间:陕西袁家村民俗文化的美学体验[D]. 西安:西北大学,2018.

园是用符号表征的建筑空间，因此它的符号必然蕴含着文化所指。再进一步讲，它不仅仅是一个文化消费、空间消费场所，同时也是用建筑语言进行的一种文化符号传播。但是老钢厂设计创意产业园不能仅仅以建筑符号作为文化传递的载体和媒介，更要注重从建筑装饰、建筑色彩等细微处着手，将文化内容重新包装并呈现给受众，并和受众产生互动行为，从而进行文化传播。

（二）拓展记忆媒介载体以实现集体记忆代际传递

扬·阿斯曼理论范式中的“交往记忆”，就是在以“人”为载体的记忆呈现中，记忆的维系与延续更多体现为代际的传递。代际记忆“在历史演进中产生于集体之中；它随着时间而产生并消失，更确切地讲，是随着它的承载者而产生并消失的”。① 陕西老钢厂历经工业转型，工人们的口述记忆也往往体现为代际的延续与小范围的传播，主流媒体的报道热潮使得记忆呈现对于集体中的个体关注甚少，个体记忆也鲜有机会在主流媒介平台上得到实质意义的呈现，而极具感性经验的口述记忆也必然随着时间的流转及代际的更替而随时存在断裂的可能。随着陕西老钢厂一代工人们逐渐老去、死去，个体记忆的维系与延续或收编为主流记忆叙事，成为集体记忆中适宜的表述资源，或成为被“遗忘”的对象，在时间的流转中随时存在消失的可能。如何抢救本土“过去的声音”，复现那些过去一直被人们所遗忘的人的历史，使其不仅成为正史之外的一个重要补充，连接个体记忆、群体认同与集体记忆，更从记忆建构的角度去看待其间权力、话语与记忆的密切关系，显得尤为迫切。②

印迹博物馆和城市记忆博物馆作为广义的媒介空间，作为陕西老钢厂变迁中有形的历史遗存，是工业变迁记忆维系与延续的固化有形物质载体。扬·阿斯曼在《文化记忆》的理论范式中认为，博物馆所展览内容的起始点是“发生在绝

---

①扬·阿斯曼. 文化记忆[M]. 金寿福，黄晓晨，译. 北京：北京大学出版社，2015：44.

②周海燕. 媒介与集体记忆研究：检讨与反思[J]. 新闻与传播研究，2014(9)：39－50.

对的过去事件”。时间可以追溯到新中国工业化发展初期，以工业设备展品化这种“高度成型”的展出形式和以博物馆这种“被固定下来的客观外化物”形式为记忆的媒介，并由博物馆内部的专业讲解员等“专职的传统承载者”为观者进行讲解。印迹博物馆和城市记忆博物馆是非国有博物馆，单靠一个人或少数人的情怀和力量并不能支撑壮大非国有博物馆。非国有博物馆要获得财政资金扶持，需要完成藏品认定和建档工作，不断完善章程和管理制度，坚持全年开放不少于240天，坚持对老年人、学生、残疾人等特殊群体免费开放，不断提升陈列展览质量，丰富教育活动内容和形式，强化硬件设施，提升博物馆防范能力和安全水平等。这让印迹博物馆和城市记忆博物馆这两个非国有博物馆向国有博物馆的专业化程度、服务化水平发展，使得老钢厂的这两座博物馆能够以“博物馆”作为特殊的记忆媒介载体，并借助博物馆的稳定性、持久性以及权威性，凭借博物馆自身的叙事逻辑，将集体工业记忆以物化记忆的形式高度凝结，并在记忆的文化维度层面上延续下去。

（三）打造沉浸式游览体验来引发年轻人产生情感共鸣

老钢厂设计创意产业园是将20世纪的城市场景及生活文化在21世纪以商业形态进行再现，通过场景和内容打造，可以让游客在进入主题街区时有“恍若回到过去”的感觉。年长者在游览、体验老钢厂的过程中回忆起深埋在他们记忆里的旧时光，从而获得情感上的慰藉。对于年轻人而言，那些一直存在于长辈们口中或以各种形式记载的过去的生活，以鲜活、立体、生动的方式呈现出来，让他们在探索、体验中感受文化和生活的变迁，进而与长辈产生历史、生活上的情感共鸣。将老钢厂设计创意产业园打造成怀旧型文化主题街区所依托的场景是基础，既要对建筑物、设施用品等进行风格还原，也要营造与场景相匹配的城市烟火气和时代氛围。目前来看，老钢厂的老建筑利用改造率较高，建筑物的风格还原到位。但是从其文化符号的表征来看，老钢厂仅有印迹博物馆和城市记忆博物馆是远远不够的，可尝试利用互联网技术使游客决定何时、何地、以何种形式来接触和认识文化符号并理解文化内涵，从而提升游客的体验度。例如，老钢厂设计创意产业园可以利用公众号等社交平台把游客联系起来，在平台上配置3D全景地图，游客可以通过发布实时位置与消息分享了解到的文化符号。与此同时，园区也可以通过平台发布类似“寻宝”之类的小游戏，调动游客的热情和积极性。除此之外，园区还可以在特色文化符号展示处设置二维码，游客扫码即可通过文字、图片、音频或视频的形式了解文化，还可以扫出小游戏，进行简单的互动，加深对工业文化的了解。① 如中国煤炭博物馆开设了一个最具代表性的展览——模拟矿井。模拟矿井的展览方式，不仅可以展示不同时期煤炭井下开采的环境和设备，而且能最大限度地让观众参与其中，体验采煤的不易。参观模拟矿井前观众需要带上安全帽乘坐电梯下井，模拟煤矿工人下井工作的场景。观众先参观古代和近代采煤展览，之后乘坐井下矿车到现代采煤展览。在近距离参观的同时，模拟矿井中还有观众们可以亲自体验的活动，参观者通过亲自实际操作不同时期的采煤设备，深刻体会到科技进步带来的变化。② 老钢厂设计创意产业园的印迹博物馆可以借鉴中国煤炭博物馆开设的最具代表性的展览——模拟矿井，开设一个模拟炼钢展览，最大限度地让游客参与到大炼钢铁的活动中，切身感受炼钢精神。

七、结　语

老钢厂作为一代人集体记忆的载体，有着特定的历史内涵。老钢厂设计创意产业园赋予老钢厂新的象征符号变革与文化意义，吸引众多游客打卡消费。从功能上来看，老钢厂由原本的实务制造基地变为文化产业基地；从经济角度看，老钢厂设计创意产业园的建设拯救了处于困境中的企业，为当地带来源源不

①李岳坤. 传播的仪式观视域下“延安·1938”文化主题街区传播研究[D]. 西安：西北大学，2018.

②王金. 行业博物馆与科技文化传播　以中国煤炭博物馆为例[J]. 科学文化评论，2021，18(1)：73－84.

断的商机；从媒介角度来看，老钢厂通过各种仪式活动进行集体记忆的再现、传承与重塑，最终激发人们的情感共鸣，加深民族凝聚力。但作为符号意义消费的文化街区，由于每个人所处的时代背景不同、文化背景不同，对老钢厂的期待值和期待方式不同。在游客从期待转为现实打卡的过程中，难免会出现与预期不符的情况。因此，老钢厂的宣传需要尽可能真实化、多样化，满足不同受众的感受和体验。同时，老钢厂的商业运作模式也存在一系列问题，如宣传渠道多样，但未能明确突出文化内核；旧工业遗址保存利用较好，但代际交流受阻影响集体记忆传递；利用拍照打卡可以提升园区的知名度，但消费者互动参与度不高等。这需要通过相应措施如强化文化符号表征，构建体系化的文化主题街区；重视记忆媒介载体，实现集体记忆代际传递；打造沉浸式游览体验，引发年轻人产生情感共鸣来进一步提升老钢厂设计创意产业园的吸引力、号召力，增强游客的集体认同感。

第四章 “老菜场”：市井文化及其文化延异

时代的变迁和现代化的发展带来了城市空间和环境的变革，国家越来越注重文化街区的保护和更新再造。文化街区是指经省、自治区、直辖市等各级人民政府核定、公布、建设以保存历史建筑、文化遗存、特有产业等，能够较完整和真实地体现一定格局和特殊风貌的集中成片且具有一定规模的区域。文化街区的设立对一个地区的文化、经济和人民居住环境的发展具有十分重要的作用。城市文化是塑造城市形象的核心，城市的老街巷印证着城市的变迁，承载着城市的历史与文化。文化街区经过现代产业化的加工和改造，成为城市历史、文化和现代文明相结合的一个城市缩影。

近年来，在政府的政策支持和经济社会的发展下，西安建设了一批各具文化魅力的文化街区。2017 年，西安市碑林区响应政府加快“三改一通一落地”的号召，与西安世界之窗产业园投资管理有限公司合作，对建国门综合市场进行提升改造，建立了复原老西安的城市记忆，营造市井人文新的生活风貌，空间共享与社区服务完美嫁接，文化旅游与创意发展为一体的城市更新型特色街区——“老菜场”市井文化创意街区。作为空间媒介，“老菜场”市井文化创意街区所承载的珍贵市井文化，是西安这座老城社会生活文化的重要组成部分。同时，这一文化街区又添加了许多其他的文化元素，重新定义了现代西安的市井生活方式，促进了文化的多元发展。因此，“老菜场”市井文化创意街区具有很高的学术研究价值。本章将“老菜场”市井文化创意街区看作一个媒介及其表征系统，尝试引入文化研究中经常使用的德里达解构主义理论中的“延异”概念，对“老菜场”这一媒介所承载和传播的媒介文化进行分析，丰富媒介文化研究的理论，促进文化街区可持续发展，更好地发挥文化街区的社会价值和经济价值。

一、“老菜场”及其市井文化

市井这一概念由来已久，“市”在《说文解字》中的解释是“买卖所之也”，即进行交易贩卖的场所。“井”在《说文解字》中的解释为：“八家为一井，像构韩形。象也。古者伯益初作井。凡井之属皆从井。”井，即居民居住之所。[①]“市井”一词便可引申为在居民居住区进行交易贩卖行为的场所，兼具“交易”“居住”和“交往”三种功能，市井里鱼龙混杂，各种商业行为与市民间交往行为纷繁多样。还有，“市”源于春秋战国至唐末的坊市制度，政府为了方便管理以及控制农业人口流动，将城市中作为居住区的“坊”与交易区的“市”强行分开管理。但在唐中期之后，随着手工业的发展，白天交易时间不能满足需求，夜市逐渐开始出现，商业浪潮开始冲击“坊”与“市”之间的边界，唐朝末期坊市制度正式消亡。

“坊”与“市”不再割裂的最大缘由就是城市小商品经济的发展。市井文化本质上是一种商业文化，在酒楼、茶肆、书场、戏园中贴近市民的真实生活，活跃且极具生命力。“在市井中工、商、医、卜、僧、道、娼、丐可以比肩并立，歌舞戏曲与巷陌小技可以同时登场追逐时髦、创造流行、风靡新奇、强调官感，其结果必然使市井文化表现得丰富变幻、生机勃勃而杂乱无章。”[②]正是在这种

①许慎. 说文解字[M]. 北京：中华书局，2013.

②周时奋. 市井[M]. 济南：山东画报出版社，2003：2.

文化环境下，市井文化绽放出魅力，吸引着南来北往的人们在城市的市井之中碰撞摩擦。传统的市井文化实际上有着低俗、不入流的隐喻，这与官方所推崇的“士大夫文化”或“庙堂文化”有着明显区别，它是一种完全来源于小市民阶层的文化现象。“市井”一词有着“粗俗鄙陋”“行为无赖、狡猾”“城市中流俗之人”等义项。由此可见，脱胎于市井中人们的居住交往行为，诞生在城市居民日常生活和烟火气中的市井文化也带有较为负面的内涵。总而言之，市井文化是一种生活化、自然化、无序化的自然文化，指诞生于街区小巷，带有商业倾向的、通俗浅显、充满变幻感、杂乱无章的一种市民文化。

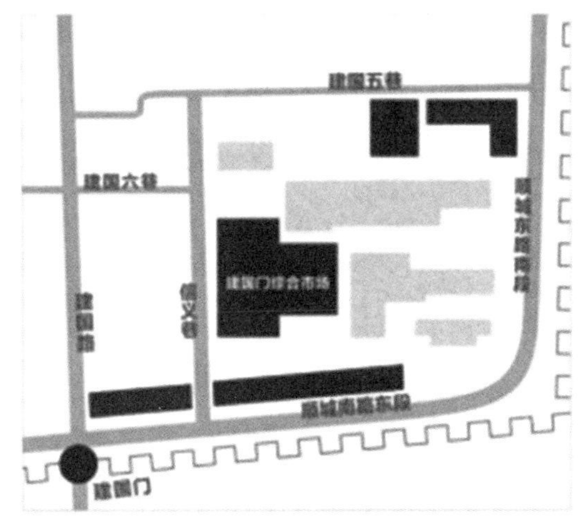

图 4-1 “老菜场”市井文化创意街区地理位置平面图

“老菜场”市井文化创意街区位于西安市碑林区，西安南城墙段最东边的建国门左拐 200 米处的信义巷内。信义巷前身是唐代长安城 108 坊中的崇仁坊所在地，可见至少从唐代开始，这里就作为交易集散中心而存在，市井文化的萌芽亦在那时开始出现。崇仁坊在唐代后期也出现了较大规模的夜市。由北宋文学家宋敏求撰写的，我国现存最早的古都志《长安志》中记载了当时崇仁坊的恢宏气象：“此坊北当皇城景风门，与尚书省选院相近，南临春门金光门大街，东南与东市相接，选人京城无第宅者，多停憩于此。因是北街辐辏，遂倾两市，昼夜喧呼，灯火不绝，京中诸坊，莫与之比。” 古老唐朝在千年前种下的种子，使这个地方充满了历史之美。

信义巷周围还保存着许多民国时期的建筑，包括张学良公馆、高桂滋公馆、西北局机关食堂旧址、十世班禅故居、原统战部办公楼等。古老的历史文脉使得这一地区拥有丰富的历史文化资源，这些充满着历史韵味的建筑赋予了这一街区强烈的厚重感。

建国门是西安南城墙最东边的一个门，开于建国之后，为纪念新中国的成立而命名为建国门，门内道路为建国路，位于碑林区东大街东段路南，是直通城外环城路的一条街道。“老菜场”市井文化创意街区所在的建国路，在民国时期还叫作玄风桥。其中，金家巷五号是张学良将军的公馆。1936 年 12 月 12 日，西安事变爆发，蒋介石被扣押在新城，后来为了安全，转移到张公馆。和平谈判时，三方面的要人都聚集在这里。新中国成立后，为了纪念这一时代义举，将张公馆建为纪念馆，供中外人士参观。① 除张公馆这一重要建筑物外，附近还有高桂滋公馆、西北局机关食堂旧址、十世班禅故居、原统战部办公楼等民国时期或建国初期遗留的建筑。抗日战争前，玄风桥以南是一片荒地，到处坑坑洼洼，除了一些穷人在此搭棚挖窑度日外，很少有人在此建房。后来冯钦哉等人在这里创办了通济公司，在现在的信义巷附近盖了许多房子，开辟了巷道，东边巷道叫仁寿里，西边巷道叫丰埠里。当时国民党的一些高级官员，如王友直、陈固亭、冯大轰、王子伟都住在这里。抗战期间，汤恩伯还在建国路设驻陕办事处，来西安时就住在这里，他的部属家眷也都住在建国路附近。在开发建国路南段时，雍行——由天津搬迁到甘肃天水的中国银行分行，在建国路南端接近南城墙的坑洼地方盖了大片住房和高级楼房，称作“雍村”，于 1942 年完工。这些充满历史记忆的建筑物都为建国路增加了历史的厚重感。

除了重大历史事件赋予这里的历史厚重感，民国时期，这片街巷也拥有过日

---

①《老城记》编辑组. 老西安[M]. 北京：中国文史出版社，2018：29 – 30.

常生活气息和文化样貌。有学者借鉴外国友人对近代西安城乡的记录，寻找清代后期至民国年间这片土地的日常生活图景和市井气息。辛亥革命和随后西安本地争权夺利的军阀混战对城区造成了无情破坏。古老西安城最引人注目、最优雅美丽的“四隅”分区结构，中式建筑园林等诸多特点已经烟消云散。西安城内的街巷景观也成了“官街”，主干道多以石板、石条铺砌，路面较宽，两侧店铺分布较多为“街市合一”的面貌，由于石板、石条在长期碾轧之后，修整不及时，街道凹凸不平、坑坑洼洼，街道上店铺鳞次栉比。①

在这样的城市景观下，结合外国友人的观察记录，人们可以大致了解当时西安居民的日常生活和市井文化。1921 年，瑞典汉学家喜仁龙来到中国，深入探察了西安的街巷景观，用生动的笔触描绘了西安大街小巷新一天生活开始的情形。1936 年，寓居西安的著名国际友人王安娜也以其细腻、独特的女性视角，记述了当时西安的市井文化图景。在喜仁龙和王安娜的描写中，可以看到民国时期的西安街巷中有着形形色色的人，士兵、挑夫、苦力、叫卖的小贩，在街头巷尾玩耍的小孩，商店、饭馆等各色店铺每天十分忙碌，街巷中一片“街市合一”的喧嚣繁闹景象。这些生动的生活图景反映了街头巷角底层百姓最具烟火气息的、延续的、传统的特色生活，体现了一种与商业交易、社会交往密不可分的社会生活文化，即市井文化。

（一）作为综合市场的“老菜场”

建国门综合市场的原址是成立于 1952 年的西安平绒厂。20 世纪 90 年代末，平绒厂逐渐停产，新世纪后原厂房被改建为农贸综合市场，至今这座菜市场已经有 20 多年的历史。综合市场占地 5000 多平方米，市场内交易的货物大多数为农副产品。市场内部布局呈长方形，与其他地区的农贸市场一样，各种农副产品的摊位按照产品类别划分。200 多个摊位大致分为水果销售区、水产干货

①史红帅. 近代西方人视野中的西安城乡景观研究(1840－1949)[M]. 北京:科学出版社,2014:71－84.

区、蔬菜销售区和肉类销售区。综合市场的存在满足了周围众多住户的基本生活需求，也让原西安平绒厂的下岗职工们有了新的工作。建国门综合市场中，商贩、顾客络绎不绝，有着很浓的烟火气息，也让代表着城市普通居民的市井文化在这里蓬勃发展。

图 4-2　现存平绒厂牌

图 4-3　现存菜市场

在城市逐渐向更加现代化的方向发展时，在农副产品的销售逐渐走向大型超市和线上销售时，“老菜场”仍保留了这种线下的、直接的交易模式。在城市的触角向更远方触及时，这种面对面更具温度的交往方式显得弥足珍贵，“老菜场”的魅力也就来源于这种市井烟火气。作为西安城墙圈内最大的农贸市场，“老菜场”凭借自身区位优势，发展出浓郁的市井文化氛围，为后来围绕着市井文化及其延伸而打造的“老菜场文化街区”项目提供了基础。

（二）作为文化街区的“老菜场”

2017 年，为响应政府加快“三改一通一落地”的号召，西安市平绒厂经过多次调研后，与西安世界之窗产业园投资管理有限公司合作，对建国门综合市场进行提升改造。而后，2019 年，在西安世界之窗产业园投资管理有限公司董事长全建彪与《本地》书系主编宋群的联合发起下，“老菜场”的“微更新、轻改造计划”开始进行。改造赋予了“老菜场”更多的元素，并通过互联网的宣传造势，以“复原老西安的城市记忆，营造市井人文新的生活风貌，空间共享与社区服务的完美嫁接，文化旅游与创意发展为一体的城市更新型特色街区”，打造出了西安首个市井文化街区。

图 4-4　建国门外立牌

图 4-5　文化街区标志

建国门“老菜场”提出的“微更新、轻改造”理念是指依托菜市场原有的生活场景和日常气息，进行最低限度的空间改造，在不破坏原有历史和人文的基础上，引入美食、文创、娱乐和休闲元素，同时进行空间功能转型和升级改造。文化街区以建国门综合市场旁的信义巷为主体，打造了寻味板块、悦夜板块、有戏板块和信义巷子四个板块。建国门“老菜场”文化创意街区还获得了2019年城市更新论坛“环境共生奖”。文化街区的各个板块分布得当，其中，有戏板块是包括建国门菜市场以及平绒厂老厂房在内的复合板块，也是文化街区的核心板块。改造之后，老厂房的各个楼层均加入了众多商铺装饰和景物布置，使得其美感和空间的利用率有所提升，再经过互联网的造势宣传，使其成为西安年轻人新的拍照打卡地。酒吧、书店、咖啡店，各式各样的美食以及各种各样亮眼的街道装饰，让“老菜场”吸引了众多年轻消费群体，给原本代表着传统的“老菜场”市井文化增添了新的活力。

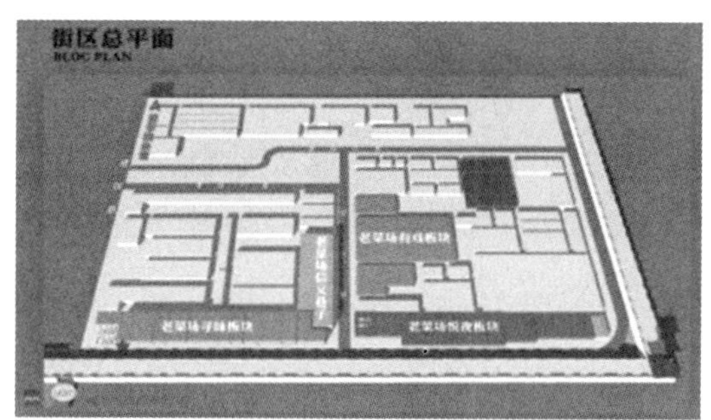

图4-6　“老菜场”市井文化创意街区总平面图

费城现代艺术协会主席卡登曾指出：“公共艺术不是一种风格或运动，而是一种连接社会服务为基础，借由公共空间中艺术作品的存在，使得公共福利被强化。”①作为文化街区的“老菜场”已经成为一个公共的“艺术空间”，在这个空间内，新旧文化不停地发生碰撞，不同的元素在这里汇集，产生了奇妙的化学反

①黄义宏.西方都市环境中户外艺术之研究[D].台湾:私立东海大学建筑研究所,1989.

应。这种化学反应又催生了更多元素不停向里进驻，让不同年龄段的人都可以在这里找到属于自己的乐趣。新时代各种层出不穷的新鲜元素的添加使得这个有着旧时代观感的老街巷有了新的文化内核。在保留原有市井文化魅力的基础上，“老菜场”正沿着现代与传统双重交织的道路发展。“老菜场”文化街区的建立与发展，得益于其独特的区位优势和政府的扶持开发，这些都使其形成了独特的城市内部景观。

当前社会经济高速发展，城市扩张的速度也在急剧提升，但在这一背景下，城市发展中心不可避免会偏向新城区的开发与建设，这样使得原有老城区的公共服务质量、基础建设质量和区域生活品质不断与新城区拉开差距。如何做好老城区的改造和发展工作，从而提高城市整体发展质量，已然成为大城市提升自身发展潜能时必须要面对的难题。在我国的许多城市里都有类似于“老菜场”的老街区，各个城市对于老街区改造的方式和手段都不尽相同，“老菜场”在传播城市发展理念和城区规划新样板方面提供着独特的模板。

图 4-7　街区展览板

图 4-8　街区内指示路标

美国建筑家韦恩·奥图和唐·洛干在其《美国都市建筑：城市设计的触媒》一书中首次提出城市触媒理论。该理论认为可在不改变区域原有特点的情况下，加入更多的元素，刺激区域的发展潜能，可以更好地协调区域周边的发展，产生新的化学反应，为区域的发展提供正面的影响。触媒理论的目的是促进区域功能持久与渐进的积极更新，其产物并非单一的最终规划蓝图，而是成为一个可以不断发生化学反应，不断引导后续开发的温床。① “老菜场”在保留原有区域特点的情况下，将新旧两种时代的元素进行了具有艺术感的调和，这种调和所迸发出的活力也使有着20多年历史的建国门综合市场向更为积极的方向发展。

（三）作为媒介的“老菜场”及其意义

“老菜场”既是传播市井文化的实体空间，其本身也作为实体的媒介，成为传播市井文化的媒介载体。在微博、短视频等新媒体传播矩阵的加持下，“老菜场”的形象在新时代已经不再局限于传统的市民和市场。在政府的推动和新媒介的加持下，老菜场的形象变得更加多元，它已经不再只是传统的小市场，而变

①韦恩·奥图，唐·洛干.美国都市建筑：城市设计的触媒[M].王劭方，译.台北：创兴出版社有限公司，1994.

成了一个被年轻人喜爱，被网红文化、消费文化、青年亚文化裹挟的整体形象，因为它代表着西安“老城根”和现代“网红长安城”的交汇。作为一个具有悠久历史文化的古城，西安常因为古今融合的历史交错感而使市民骄傲，让外界关注。正如曾在网上爆火的西安“不倒翁小姐姐”一样，穿着传统的唐装在灯火辉煌的大唐不夜城翩翩起舞，宛如霓裳羽衣曲，一舞动天下。这样的形象搭配西安这座城市的历史，传统与现代的交错形成了完整而统一的城市叙事，其传播取得了巨大的成功。同样，如今的“老菜场”交错着西安这座城市从古流传下来的浓厚市井文化。经过现代化的改造后，这种市井文化不仅得以传承，也借助新的媒介技术和传播手段，拥有更加丰富的文化内涵，形成了传统市井文化、网红文化、青年亚文化等的融合，这既与西安的文化叙事统一，又成为西安新生网红文化的代表。

现如今的“老菜场”文化街区正在成为一种互联网媒介符号，作为西安老城根下老街区改造的典型得以传播。在抖音搜索“西安老菜场”，就可以看到许多在这里拍摄的抖音视频，其中出现的各种建筑、店铺、美食、书店甚至企业等，透出浓浓传统市井韵味的同时，也在用网红街区这一头衔吸引着更多年轻人来到这里。在视频的评论中常可以看到许多用户将这里描述为老西安、高级感、网红打卡等，这些描述字面意思大相径庭，既有对传统西安文化的怀念，也有对新网红文化的向往。但这些含义依然通过“老菜场”的各种符号被媒介传播，受到用户的关注和肯定。除了短视频之外，西安“老菜场”也有自己的官方公众号，常用来推广“老菜场”举办的活动和“老菜场”的各种元素。在这些传播内容中，“老菜场”的整体形象和其中的每一个元素都成为一种媒介符号。在向外传播着一种脱胎于传统坊市的专属“小市民”阶层的传统市井文化与现代新潮事物交织后形成的新市民文化。这种新市民文化也给各种新潮文化在同一场域的交互提供了新的可能。同时，正如上文对“微更新、轻改造”之后的“老菜场”市井文化创意街区的评价，“老菜场”本身亦可作为一种新的区域符号来向外传播一种独特的旧城区改造方案与模板。

二、“老菜场”市井文化的延异向度

“老菜场”市井文化创意街区既是历史的，也是民间的。文化街区所在的这片区域不仅有市井文化的烟火气，还有古老的历史文化根源。在进行文化街区改造时，专家学者也认为文化街区的改造不能只讨论市井，不讨论文化。改革开放40多年来，市场经济极大地释放了社会活力，这为文化的健康发展奠定了坚实的基础。市场经济的特征是商品交换采取等价交换的形式，等价交换的预设前提是人与人的地位平等，否则无法实行等价交换。也就是说，市场经济是建立在人格平等的基础之上才得以存在发展的。这种人格的自觉性、独立性必然呼唤文化的多元互动发展，这就促使当前中国多种文化形态形成。在充分挖掘西安城市基因、文化记忆脉络并进行商业创新之后，如今的“老菜场”在“保留居民原有生活状态”和“保持菜市场的市井风貌”的前提下，依托菜市场自身独有的日常生活气息，在艺术、空间、设计、公益、消费等多个领域进行了文化形态的丰富与延伸。

德里达用“延异”这一概念，意在用去中心化的策略来解构索绪尔的“能指—所指”模式，来表明文本的意义不再局限于静态空间上的分隔，而是在时间的动态流动和推延中不断敞开意义的不确定性，即文本一经产生就有自身独立的生命和不稳定性、开放性的发展，从而颠覆了文本意义的确定性、单一性，将解构主义推向极致。① 这种以强调文本意义无声的差异及其延迟的运动，代表着文本意义的不断消解与转化。“老菜场”作为市井文化文本，一直在随着时间绵延不断地转化其文本意义，由此也形成了一种特殊的文化景观。其中，充满生活气息和烟火气的市井文化与改造后加入的具有现代性的文化形态看起来似乎有些格格不入。但对“老菜场”的改造实则是一种文化的解构，其并没有在市井文化与其他文化之间划出一条严格的界限，而是在保留传统市井文化的基础上，添加新的文化元素，重新打造一个具有现代性气息的市井文化创意街区，让其成为一

---

①刘国强，粟晖钦. 解构之欲：从后现代主义看媒介文本解码的多元性[J]. 新闻界，2020(8)：31－39，94.

个多元文化兼容、各种文化在此延异，并最终走向共通的场域。

（一）“老菜场”市井文化的解构

“解构”概念源于海德格尔《存在与时间》中的“destruction”一词，原意为分解、消解、拆解、揭示等，德里达在这个基础上补充了“消除”“反积淀”“问题化”等意思。特别是解构主义传统认为，文本意义是一个不断生成、流动的过程。罗兰·巴特用“无中心的葱头”来形容文本，认为其是一种“不受任何终极目的规定、按自身意指关系无尽播撒的游戏”。德里达更是拒绝建立任何中心，其目的是消除中心本身以及由此形成的形形色色的两极对立范畴，如能指—所指、自然—文化、语音—书写、感性—理性等，他认为这些构成结构分析工具的范畴均应受到质疑，使其得到了多样化处理，被散播在无限的游戏之中，这些游戏剥离、切割、肢解了词语的意义。① 如果将解构主义对形而上学的批判和质疑应用在媒介文化研究上，就是其对文化对立的消解和文化分层的弥合。

在“老菜场”市井文化创意街区的设计与改造中，设计者似乎不再执着于追求和固守传统的市井文化，不再只围绕着居住、交易、交往这三种最能代表传统市井文化的方式打转，而是解构与转化市井文化。“老菜场”市井文化创意街区内，市井文化的意义同样是一个不断生成、流动的过程。传统意义上的“菜场”和“市井”是世俗烟火气，有沿街叫卖的商贩，有往来交易的市民，有瓜果蔬菜的陈列，有鸡鸭鱼肉的摊位，种种交织混杂，甚至给人留下拥挤、脏乱、气味难闻的印象。改造后的“老菜场”在农贸市场的基础上加入了现代潮流与艺术创意，有闹中取静的书屋和咖啡屋，有装修精致的网红餐厅，有霓虹闪烁的天台酒吧，有别有意趣的艺术涂鸦，从而颠覆了市井文化最初的含义。尤其是在移动社交网络极度发达的今天，受众参与文本意义生产与流动的程度越来越大。受众成为重构和诠释文本意义的积极解码者，媒介文本的解读过程不再是机械性

---

①弗朗索瓦·多斯. 从结构到解构——法国20世纪思想主潮[M]. 北京:中央编译出版社,2010:25－55.

的，而形成一种动态的张力，居于受众期待与文本的符号式指令之间。① 由此，在这一文化街区内，市井文化不再有“结构和中心”，而是不断化解和置换，形成更加复杂的意义“延异”。

（二）“老菜场”市井文化的转化向度

解构的核心目标就是延异，它是指万事万物都处在变动不居、生生不息的流变之中，用语言的能指进行的永无止境的替换游戏，差异和差异之踪迹的系统游戏，也是间隔的系统游戏，使结构更具动态性和历史性。德里达认为，差异仅仅只有空间上的内涵，不具有时间性，因此把时间引入索绪尔的差异，就产生了延异。解构最重要的观念使得考察我们所谓的现实的可能性条件（而非现实本身）成为可能，它不关切任何本质（essence）或存在（existence），关键在于尽可能广泛地开启逻各斯的解构性游戏。②

语言、世界、文本、历史都在不断地差异对比中，走向无止境的交往的游戏，差异不断延宕，意义同样随之延宕。所以，没有任何真理、固定的意义和中心。德里达其实使用了一种认知隐喻的操作，即把语言范围内的延异解构映射到了世界一切事物之上。③ 所以，我们才能够使用“延异”来解释“老菜场”文化街区市井文化的转向，把“老菜场”文化街区作为延异的隐性认知。在这一文化街区内，各种文化形态本身就是一个延异的无止境的运动，差异的游戏，一切都是一种延异的生成。因此，如今的文化街区所体现的媒介意义是不确定的，像种子一样撒播蔓延。有学者认为，从最基本的形态来看，当代中国的文化形态按照群体差异可以划分为三类：主流文化、精英文化与大众文化。三种不同的文化形态在社会发展中发挥着不同的作用。④ 按照价值体系和社会势力的差异

---

①刘国强，粟晖钦. 解构之欲：从后现代主义看媒介文本解码的多元性[J]. 新闻界，2020(8)：31－39，94.

②弗朗索瓦·多斯. 从结构到解构——法国20世纪思想主潮[M]. 北京：中央编译出版社，2010：25－55.

③李天鹏. 德里达解构主义的认知机制研究——认知诗学视野下的解构主义[M]. 成都：四川大学出版社，2018.

④邹广文，宁全荣. 当代中国文化形态及其走向[J]. 北京行政学院学报，2012(4)：108－113.

则可以区分为主文化、亚文化和反文化。① 还有一些文化形态是在新的经济中不断产生的新的文化形态。

在基本文化形态的视野之下，“老菜场”市井文化创意街区是随着时代和经济的发展所体现出的传承或衍生的其他文化形态，是在市井文化转化向度上衍生出的文化形态。“老菜场”市井文化创意街区是如何随着时间的推移，增添不同的文化形态元素，来丰富这一文化街区所呈现的媒介意义？当然，这里的“增添”并不是逻各斯中心主义寻求本质的暴力操作的结果，而是德里达所说的“补充”，是一种全新的延异与补充。

1. 以优先位置发扬的社会主义主流文化

主流文化作为在社会经济、政治上居统治地位的阶级、阶层利益反映的思想文化，是居于社会生活主体地位的思想文化。当代中国的主流文化就是有中国特色的社会主义的文化，它既是我国社会主义经济、政治在观念层面上的反映，更从根本上促进着当代中国经济和政治的发展。② 中国特色社会主义文化，是马克思主义普遍真理与中国当代实践相结合的产物，它充分吸收了中国传统文化和世界各民族文化的优秀成果，因而是具有鲜明时代特点的文化体系，是有中国特色社会主义的重要组成部分。③ 在当代中国，主流文化始终居主导地位，无论在学界、艺术界，还是新闻出版界，都要毫不犹豫地坚持主流文化的取向，毫不动摇地维护国家意志和人民利益。“老菜场”也是如此，在各类文化样态得以发展的过程中，弘扬主旋律一直处于优先发展的位置。例如，“老菜场”积极参与了西安广播电视台承办的“我跟党走・家乡蝶变——网媒总编看西安”网络主题宣传活动，采访团一行汇聚了全国 30 余家城市门户网站媒体。“老菜场”不仅展示了西安独特的市井文化创意和年轻人风貌，更展现了紧跟党走，贴合社会

---

①高丙中. 主文化、亚文化、反文化与中国文化的变迁[J]. 社会学研究，1997(1)：113－117.

②邹广文，宁全荣. 当代中国文化形态及其走向[J]. 北京行政学院学报，2012(4)：108－113.

③邹广文. 当代中国的主流文化、精英文化与大众文化[J]. 杭州师范学院学报(社会科学版)，2002(6)：12－16.

主义核心价值观的面貌。

2. 以现代形式再现的古都历史文化

陕西省是历史文化资源极为丰富的省份，西安作为省会更是历史文化名城。盛唐时期的长安是当时规模最大、最繁华的国际大都市，不但是中国的政治、经济、文化中心，也是世界的中心。由于时代原因，辛亥革命和随后西安本地军阀之间争权夺利的混战对城区造成了无情破坏，古老西安城最引人注目、最优雅美丽的“四隅”分区结构、中式建筑园林、盛唐文化等已经烟消云散。新中国成立后，在全国快速城镇化的背景下，大量优秀历史文化资源的历史与现实价值被忽视，历史文化资源的有效保护与合理利用成为非常紧迫的问题。①

在“老菜场”市井文化创意街区中，消失的大唐文化气象通过“艺术史剧场”快闪表演活动再现了出来。文化街区联合西安美术学院，在“老菜场”市井文化创意街区推出的“艺术史剧场”快闪表演活动，让历史文化艺术介入了城市市井生活。把艺术史剧场搬到了“老菜场”的天台，为广大市民朋友奉上了一场艺术穿越快闪活动，推动了历史与当下的对话。这种“艺术史剧场”快闪活动，以舞台话剧表演形式活化名画《步辇图》，使艺术史走上城墙，介入市坊，融入市民生活，带领人们梦回大唐，进行一场古今对话。唐代宫廷画师阎立本所绘的《步辇图》，描绘了贞观十四年，吐蕃国王松赞干布派遣使者禄东赞前来觐见唐太宗，求娶文成公主的事，是大唐文化气象塑造的艺术凝练之作。画中所记录的文成公主下嫁吐蕃的历史故事，亦为汉藏两族和平交往、友谊长存的历史图像见证。

文化街区作为主办方，与“艺术史剧场”合作团队将艺术作品搬出展厅，引入市井社区，将“老菜场”天台作为剧场演绎的主要取景地，把画轴间的艺术史转为天台上的活态艺术史。通过跨领域、跨专业的融合实现艺术传播与观赏的空间重构，以城墙为背景，将盛唐历史画面呈现在街巷坊间，同时探索双向的艺

①邵甬，胡力骏，赵洁. 区域视角下历史文化资源整体保护与利用研究——以皖南地区为例[J]. 城市规划学刊，2016(3):98-105.

术传播与艺术接受路径，使观者成为参与者，成为“艺术史剧场”作品的一部分。通过快闪这种极具现代性的活动方式，重现盛唐文化气息，弘扬传播中华经典传统文化，以专业知识与技术的实践运用服务于社会大众，让曾经遗失的古都历史文化重现在人们眼前，丰富了文化街区的文化形态与文化意义。

除此之外，“老菜场”市井文化创意街区历史文化的表征还依附了建国门前重建的崇仁园和胜业园两个休闲步行公园。这两个休闲区域的取名借鉴了盛唐时期这片区域108坊中的崇仁坊的名称，与唐朝后期长安城和盛唐文化产生了时间与空间上的联系。

图4-9　“艺术史剧场”舞台话剧表演活化名画《步辇图》

3. 以“商业—居住”方式呈现的市井文化

改造后的“老菜场”市井文化创意街区依然留存着这一地区长期社会生活所体现的市井文化。如今，其市井文化和市井空间主要体现在信义巷以西的传统店铺和信义巷以东的菜市场。居住、交易、交往是市井文化最基本的特征，有买卖处便成市井，市井是城市最生活化的缩影。文化街区的设计保留了市井烟火气和一部分传统的市井空间功能，当然，一些传统市井文化已经随时间消逝。从其居住空间、传统贩售、市井环境、习俗风俗、日常生活等五个方面可以看到其现存的市井文化。

在居住空间方面，“老菜场”市井文化创意街区内依旧保留着“前商后居”的居住形式，有些依旧是以连通的空间形式存在，由于有的外租了前半部分，后半部分的空间为了与前半部分相隔离而用墙壁把前后封死，破坏了原本的建筑风貌。信义巷的历史建筑有着丰富的美学价值和地域独特性价值，老街的居住空间体现了历史文化与市井文化的交融。① 在这一地区，曾经还存在过西安市平绒厂，职工也曾在这里居住生活，创造出属于他们的市井文化，但随着平绒厂的倒闭和文化街区的创建，这些职工在这里生活的可能性被剥夺。

在传统贩售方面，信义巷仍分布着大量传统市井行业，可细分为早点铺、糕点铺、杂货店、西安特产店、菜市场的蔬菜瓜果、米面粮油、肉蛋禽以及其他商店。这些传统的贩售与文化街区新引进的现代商业，如酒吧、咖啡馆、网红餐厅等是不同的，这些传统商铺是为了满足人们基础生活和交易需求而存在的，具有非常浓厚的市井气息。根据史料记载，西安市街巷中出现过“流动小贩用竹扁担挑着两个大筐，或一头挑着一只小小的木炭炉，沿街叫卖，美味的油炸食物在油锅里发出声响”的场景，这些曾经挑担叫卖的人们，也是传统市井文化的重要组成部分，随着社会的发展，再难寻觅。

在市井环境方面，构成市井环境的街道、建筑等空间引导进驻的商家善加利用这些空间，也会对当地居民的日常生活产生潜移默化的引导。通常，沿街的建筑范围会在一定程度上限定市民的公共活动空间范围，但“老菜场”所处的信义巷并不是这样的。“老菜场”建筑内部、建国门城墙，以及城墙外的崇仁园和胜业园两座小公园为市民提供了更多社交活动空间，充当了市民的娱乐休憩空间。

在习俗风俗方面，文化街区内依然保留着传统的招幌文化。这些招牌、招贴，体现出浓厚的市井民俗气息。这些旧时工商业者在自家店铺外打出的用以广告、宣传其经营内容等招徕型信息的视觉标志，虽不被今天的商业社会所广泛使用，但与中国传统的商业文明的发展，与中国民间的市井民俗密不可分，是中国传统商业文化的一种物质遗存，而且它是民间市井商业美术的一个重要组成部

---

①李天舒. 市井文化视野下的台北历史街区保护、更新与再生研究——以台北迪化街为例[D]. 西安：西安建筑科技大学，2015.

分，对于研究民族传统的视觉传达艺术具有重要意义。[①] 在“老菜场”市井文化创意街区中，依然悬挂着“二月二 吃豆豆”等有关习俗的招幌，其他各种食物的售卖也通过悬挂招幌的形式来分门别类，具有十分浓厚的市井气息。除此之外，文化街区内还举办生活剧场，传承非遗皮影戏和秦腔等传统民俗文化活动。

图 4-10 菜市场摊位悬挂招牌

图 4-11 胜业园内唱戏的人们

在日常生活方面，“老菜场”市井文化创意街区内，依旧可以看到市民日常买菜的身影，建国门城墙下坐着剃头的大爷和在小公园里拉二胡、唱戏、唱歌的大爷大妈们。这些充满生活气息的图景，曾经因为战乱等时代原因消失，又在

---

①范存江. 论传统商业招幌与市井民俗文化[J]. 设计艺术，2005(1)：70－71.

新中国成立后随人们生活水平的提高逐渐恢复。文化街区的建立，并没有破坏这里的市井文化。

4. 以艺文空间形式进驻的精英文化

精英文化是知识分子阶层中的人文科技知识分子创造、传播和分享的文化，在精神上与中国传统的士大夫文化一脉相承，继承了士大夫的社会角色和身份，并“以天下为己任”，承担着社会教化的使命，发挥着价值规范导向的功能。①

“老菜场”市井文化创意街区通过建构艺文空间的形式，引入精英文化，发挥其教育与示范的功能。文化街区内建立的“她真生活”艺术工作室，邀请艺术家在文化街区内进行艺术创作；开办多场艺术展览和公益展览，如“微笑抑郁症”公益展览，关注抑郁症群体的心理健康并呼吁大家关注和呵护抑郁症群体；邀请文学社在文化街区内开办城墙诗会，品味诗词文化之韵；打造城墙下的书屋和回音公园概念书店，鼓励民众进行阅读，力图起到向全社会提供精神文化产品、解释历史、评议现实和科学文化教育，向民众灌输社会理想和理性精神，确立价值尺度和审美趣味标准的作用，发挥精英文化的作用，为传播中国文化精神和引入世界先进文化做出了巨大贡献。

图 4-12 “微笑抑郁症”公益展览

①邹广文. 当代中国的主流文化、精英文化与大众文化[J]. 杭州师范学院学报(社会科学版),2002(6):12-16.

图 4-13 文化街区内书屋

5. 以符号意义为主导的青年亚文化

在互联网技术飞速发展、社交媒体高度普及的今天，青年亚文化不断增添新的内涵。“但无可争议的是青年亚文化是一定社会症候和精神之域的折射和隐喻，是多元文化中普遍而又特殊的存在。”①在后亚文化研究中，常常使用“新部族”“场景”“生活方式”“亚文化资本”等关键词作为研究的新范畴。“新部族”一词由米歇尔·马弗索利提出，意指“个体通过独特的仪式及消费习惯来表达集体认同的方式”。②“新部族”这一概念，展示了新时代背景下亚文化群体边界的开放性、流动性、交叉性，否认了清晰的、独特的亚文化边界的存在。③“场景”原本指称戏剧、电影中的场面，后被引入亚文化研究领域来表征某种具有地域性和“亚文化”特征的空间，是一种个体能够自由进出的开放性物理空间。人们是否进入一个场景主要受个人偏好的驱动，而受阶级、性别、宗教等结构性因素的影响较小。在一种青年文化的形成过程中，既有的商品资源、青年个体的生活体验、青年所处生活区域的风俗与传统都是有意义的，生活方式是青年综合运用上述诸要素的现实结果和青年消费偏好的显现。可见，亚文化

①罗红杰. 祛魅与超越：当代青年亚文化的融合发展[J]. 云南社会科学，2020(1)：164－169.

②陶东风，胡疆锋. 亚文化读本[M]. 北京：北京大学出版社，2011：341.

③闫翠娟. 从“亚文化”到“后亚文化”：青年亚文化研究范式的嬗变与转换[J]. 云南社会科学，2019(4)：178－184.

是一个多纬度、多层面、立体、可变、异质的指意系统，它可以根据不同的方式、不同的角度、不同的需要来划分，被不同的使用者赋予不同的意义，而每一种形式和意义都涉及一个微小的层面。广义上讲，一切边缘、次要的文化类型都属于亚文化的范畴。① 街区为了更好地生存发展，传播其所表达的文化意义，就要通过构建各种类型的亚文化来吸引更多的年轻人关注。通过田野调查和文献查找后发现，“老菜场”市井文化创意街区存在着消费文化、网红文化和街头文化三种以符号意义为主导的青年亚文化。

费斯克认为大众以不同的消费方式维持各种亚文化身份，颠覆主流文化的同质化，它“能够保持文化差异，生产亚文化的特殊意义和快感”。② 由此，消费主义也成为20世纪遍布世界各地的一种文化思潮和生活方式，它是一种以推销商品为动力，无形中使现代社会普通大众都被裹挟进去的消费至上的价值系统和生活方式。③ 消费源于需要，而需要是被制造出来的。消费信息通过媒介尤其是社交媒体铺天盖地而来，为受众建构了一个展现他人消费观念和消费方式的“拟态环境”，促使其形成认同，受众的消费观念和消费方式从而在潜移默化中发生转变。“人们在休闲、消费和感官满足的快乐之中接受了全新的消费观念和消费方式，并最终形成基本相同的生活模式，现代消费主义文化悄然形成”。④ 消费文化的核心是对消费者的引导和操纵，通过媒体使消费者养成消极和顺从的态度，他们的生活观念和行为准则不可避免地受到一定程度的控制。⑤

“老菜场”的发展离不开消费文化的助推。“老菜场”天然就是一个消费空间。与农贸产品买卖市场中的传统贩售不同，那些网红餐厅、咖啡屋、酒吧是现代性消费的最佳场所，这些消费场景通过移动社交网络平台得以传播进而集体化，塑

---

①姜楠. 文化研究与亚文化[J]. 求索，2006(3):47-50.

②罗刚，刘象愚. 文化研究读本[M]. 北京：中国社会科学出版社，2000.

③杨魁. 消费主义文化的符号化特征与大众传播[J]. 兰州大学学报(社会科学版)，2003，31(1):63-67.

④杨魁，静恩英. 现代消费主义文化形成中的媒体及其作用[J]. 兰州大学学报(社会科学版)，2004，32(1):79-83.

⑤杨伯溆，李凌凌. 资本主义消费文化的演变、媒体的作用和全球化[J]. 新闻与传播研究，2001，8(1):36-43.

造出一套消费观念和消费方式。现代人们进行消费，往往超出了对商品本身使用价值和实际效用的需求，而更多地追求消费带来的个人、群体的身份认同感及优越感，“老菜场”的现代性消费也是如此，消费文化占据了越来越重要的地位。无论是酒吧派对还是网红餐厅，网红地摄影还是国潮时尚，年轻人在这里进行的已经不仅仅是满足基本生活需求的物质消费，而是充满各种符号意义的精神消费。文化街区通过引入这些充满现代性的商业模式，吸引年轻人进行符号消费，满足年轻人对于精神意义、身份认同等的需求，同时推动文化街区的商业发展。

图 4-14　街区内的酒吧

图 4-15　街区内的网红餐厅

在网红文化方面，在社交媒体兴盛的今天，“网红”的内涵不断丰富，甚至“网红”也不再只局限于以“人”为主体。一座城市、一处景点、一只萌宠，甚至一道菜、一杯奶茶都可以成为人人追捧的“网红”。“老菜场”成为西安市著名的网红打卡圣地，有赖于网红文化这一特定话语的形成。网红文化作为社交媒体的独特类型模式，渐渐衍生为我们日常生活中一套约定俗成的想象。人们的生活方式在社交媒体世界被集体化，塑造出一套用户生产与消费标准，进而形塑新的媒介实践常规。① 一个网红符号的建构，有赖于移动社交网络中的景观消费及社群参与。在居伊·德波看来，景观“是被图像中介了的人和社会关系”②，景观社会的核心在于媒介化消费。景观本身将社会作为视觉图像奇观表现出来，其根植于大众娱乐和公共生活领域，同时成为现代经济、政治、社会和日常生活的组织原则之一。③ 透过将消费方式符号化，景观社会的影像生产成为人们当下生活的主导性模式。④ 同时将人们对于实际行动空间的认知与体验进行了重构。当一个媒介景观通过移动社交终端重复地环绕在线上用户身边，景观意象所表现出的生活样态、视觉影像、文化类型被渐渐认同，进而集体化。集体化的过程中离不开社群参与活动，媒介景观通过社群的集体再叙述，使社群成员呈现出不同程度的趋同性，形成新的媒介实践常规。网红文化作为大众生活方式当中潜移默化的参照系，是由一系列社群参与和数据内容生产持续互构的结果。⑤ “老菜场”作为媒介景观，被无数人作为日常生活记录分享至网络空间，其极具特色的场景，如“老菜场”城市展厅、红砖墙、信义巷、6号楼、天台空中广场、空中彩色屋顶、艺术装饰展等，吸引人们前来打卡、消费。由此，景观影

---

①王昀，徐睿. 打卡景点的网红化生成：基于短视频环境下用户日常实践之分析[J]. 中国青年研究，2021(2)：105-112.

②居伊·德波. 景观社会[M]. 王昭风，译. 南京：南京大学出版社，2006：3.

③Douglas Kellner. Media Culture and the Triumph of the Spectacle[J]. Fast Capitalism，2005(1)：92-116.

④邵培仁. 当“看到”打败“听到”：论景观在传媒时代的特殊地位[J]. 浙江师范大学学报(社会科学版)，2010，35(6)：1-5.

⑤王昀，徐睿. 打卡景点的网红化生成：基于短视频环境下用户日常实践之分析[J]. 中国青年研究，2021(2)：111.

像符号化，并进一步被围观、凝视，成为具有经济效应的网红符号，促使场景内网红文化的繁荣，就连市井摊位都在符号意义的解读下成为网红打卡地。

图4-16 天台空中广场

图4-17 红砖墙

“老菜场”中还存在着街头亚文化。所谓街头文化是世界众多文化门类中一个最年轻的派别，借着全球化的浪潮席卷世界的每一个角落，其具有年轻新潮、时尚前卫、叛逆独行的特性，深受全球年轻人的喜爱。年轻人通过街头文化树立起他们所独有的文化价值观。[①] 文化街区内的艺术涂鸦、嘻哈音乐派对、现

①刘源. 浅析街头文化[J]. 大众文艺，2009(14)：64－65.

代性十足的灯牌都是街头文化的体现。其作为一种次文化、一种地下文化，凭借着强大的感染力和近乎疯狂的传播速度正在逐渐扩张成为一股前所未有的新文化力量，具有很高的经济价值。

三、“老菜场”市井文化的转型意义

在当下时代，“老菜场”市井文化创意街区既留存了传统市井文化，也随着时间的绵延补充了多样的文化，成为由多元文化产业组成的文化街区。“老菜场”市井文化的转型，说明了在现代性的建构下，各种文化之间的隔阂在一定范围内可以被打破，实现交融共通。

一是消解不同层级间文化的界限以实现其融合发展。“老菜场”市井文化的转型消解了大众文化与精英文化的对立，弥合了文化之间的分层。当代中国现存着三种文化形态，即主流文化或主导文化、精英文化、大众文化，其本身具有不同质的规定性，天然存在着争夺市场份额、争夺文化领导权、主导文化发展方向的矛盾。三者之间既是相互斗争的，也是相互转化和互补的，其质的规定性也是完全可能发生改变的。三者间的相互对立、相互转化、发展趋势是当代中国文化实践中最尖锐的现实问题。① 同时，文化之间也存在着分层现象。因为，文化作为各种符号的凝聚，“它可以用来确定和区分人们的社会地位，从而凸现出社会分层来”。② 社会分层通过人们社会角色、社会地位的分化和结构化表现出来，而社会文化的分层在这个过程中发挥了关键的作用。因此，文化之间的良性互动，对于社会文化的和谐发展具有重要意义。传统的“老菜场”在市井文化的基础上，通过街区改造，加入现代性元素，在街区内解构了传统的市井文化概念，重新建构和丰富了街区传达的媒介意义。“老菜场”内共存着主流文

---

①隋岩. 当代中国文化形态的划分和嬗变——对三种文化形态的哲学思考[J]. 北京大学学报(哲学社会科学版),2002,39(4):47－52.

②郭景萍. 消费文化视野下的社会分层[J]. 学术论坛,2004(1):59－63.

化、精英文化、大众文化、市井文化、历史文化、先锋文化、网红文化、消费文化、街头文化等文化形态。不同的文化形态交织共生且难解难分，使得文化形态间原本清晰可见的界限日益模糊，文化间鲜明对立的情形逐渐消解，文化间的层级壁垒趋向打破，文化间的距离感消失，文化间分层沟壑得到了弥合，形成高雅也通俗、通俗也高雅的新型文化风格。

二是建构起文化共通的新型文化场域。“老菜场”市井文化创意街区主动进行文化转型，在保留一定的传统市井文化的基础上，积极引入各种文化形态，为多元文化的发展创造了延异的绝佳“场所”，建构起了文化共通的新型文化场域。在这一场域中，解构二元对立的等级秩序，各种文化形态之间不平等的层级秩序被打破，文化分层被弥合，各种文化形态都可以进驻，共处于一个没有对立的文化场域。随着多元文化在这样的场域中繁荣发展，各种文化形态逐渐形成二元交合、相互依存、你中有我、我中有你、不可分离的状态，形成文化的共通。

在“老菜场”这一没有对立与分层的创造性文化场域中，多元文化可以进行无止境的延异游戏，孕育新型的、具有现代性的市井文化。解构最重要的观念延异关键在于尽可能广泛地开启逻各斯的解构性游戏。① 德里达反传统，所做的一切努力就是与传统的不公正和霸权告别，这种对过去、传统的“怀乡病”的忘却，使得文化自由嬉戏运动成为可能。而文化转型后的“老菜场”，能让各种文化形态在文化街区内形成一种共通的状态。多元文化可以在这一场域中自由地嬉戏，进行延异的游戏，将这一文化街区所体现的媒介意义随着时间的绵延无限延伸、拓展下去。由此，“老菜场”所建构的文化场域使各种形态的文化交融共通，并不断衍生出新的文化形态，促进文化的良性互动，进而形成多元的文化认同，建构起文化共通的新型文化场域。

---

①弗朗索瓦·多斯. 从结构到解构——法国20世纪思想主潮[M]. 北京：中央编译出版社，2010：25－55.

四、结　语

“老菜场”经历了一系列过往，经过了数次文化转型，演绎着同样精彩的文化大戏。在将“老菜场”市井文化创意街区作为一个具有媒介意义的媒介及其表征系统予以关注时，就会发现文化街区里存在着随着时代的变迁所消散、留存、变化与新生的各种文化形态，体现出多元文化与传统市井文化间的延异。在延异中各种文化在此消解对立，弥合分层，文化街区具有的市井文化的概念被不断丰富，最终走向文化共通的场域。“老菜场”市井文化创意街区的市井文化意义及其不同向度的文化延异，给我们带来的是一次次的精神返乡，就像德里达所说的那样，人们有可能“真正抵达了精神的家园”，而这个家园是什么？也许，等待的就是即将来临的！

第五章　叁伍壹壹：工业街区的蝶变与空间生产

三五一一厂位于西安市西郊昆明路与民洁路附近。这里曾经是中国最大的毛巾厂，为军需工业和陕西改革开放初期的出口创汇做出过重要贡献，如今转型发展变身为叁伍壹壹城市文创街区。

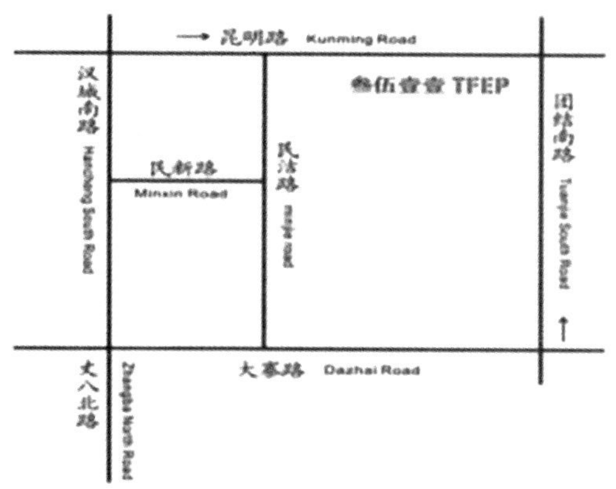

图 5-1　叁伍壹壹区位图

一、工业街区的辉煌过往

三五一一厂的前身是国民党联勤总部军需局织布厂，1949 年 5 月由中国人民解放军第一野战军兼西北军区后勤军需部接管。三五一一厂于 1949 年 5 月 30 日成立，不久又和原晋绥军区被服第一厂染工段合并，更名为西北军区后勤军需部染织厂。1950 年 3 月由草场坡迁到南关四民巷，5 月更名为棉织厂，8 月建立党支部。1952 年引入电力半自动毛巾机 40 台，淘汰人力布机，工厂开始跨入以电为动力的生产时代，同年 9 月，军用毛巾正式投产，三五一一厂更名为中国人民解放军西北军区后勤军需部棉织厂。工人克服条件艰苦、物资紧、设备技术有限等诸多困难，边生产边进行工厂基础设施建设，为工厂发展壮大奠定了坚实的基础，也顺利完成了为全军生产白毛巾、绷带的任务，成为部队可靠的后勤保障。1953 年为支援抗美援朝前线，三五一一厂开机 40 台，日夜两班生产军用毛巾 100 多万条。1954 年，工厂派技术骨干曹志岐同志到上海学习最新的纺织技术，随后引进先进的设备。在上海技术员和本厂技术骨干的指导下，工厂纺织女工郭秀花等三位同志迅速掌握操作技术要领，为工厂的后续生产发展提供了技术保障。

1954 年三五一一厂迁往西郊昆明路 2 号，也就是目前叁伍壹壹城市文创街区所在的地方，迁移后工厂更名为总后西北军需生产管理局六〇六工厂。当时的技术水平和生产能力在国内领先，再加上特殊的时代背景，工人的劳动热情非常高，整个厂区呈现出一片繁荣景象。1958 年元月首届职工代表大会的胜利召开更使全体职工充分发挥主人翁精神，心往一处想，劲往一处使，有时候为了抢时间抓生产，三班倒的工人们会馒头夹咸菜边吃边往厂里赶，这种热情高涨的工作场面为工厂后期的发展奠定了基础。20 世纪 60 年代，工厂产品生产工序初步改善，设备得到改良，规模逐步扩大，在岗职工 600 多人，在满足我军使用需求的情况下，还支援亚洲、非洲、拉丁美洲等地区的物资供应。1965 年 7 月 1 日，工厂定名为中国人民解放军第三五一一工厂，同年将原半自动毛巾机全部更新为自动化毛巾机。1968 年 2 月成立了中国人民解放军第三五一一工厂革命委员会，1969 年 12 月归总后西北物资工厂管理局。

图 5-2　中国人民解放军第三五一一工厂老照片

88 岁的焦合义是三五一一厂的老厂长，他刚来时这个厂还叫作“娃娃厂”，厂子里都是清一色的年轻人，直到 1965 年 7 月 1 日三五一一厂厂名首次确认，厂里在岗职工破天荒地突破了 600 人。在他的记忆里，当时的三五一一厂非常红火，就是一个小社会，衣食住行用基本不出厂区都可以解决，他说：“随着厂区的扩建和职工不断增多，随厂建了家属区，里面住着随军迁来的军人妻儿以及工厂车间自由恋爱组成的职工家庭。食堂、幼儿园、小学都火热发展起来，孩子们下了课就跟着大人拿着饭票在食堂吃饭。所有人都对自己的工作充满干劲，而工作之外的生活也丰富多彩。”通过焦合义老人的描述可以深切体会到三五一一厂曾经的光辉岁月和厂区文化，也能感受到这个工业厂区、社区、街区昔日的工作场景和生活情景，同时也感受到三五一一厂蒸蒸日上的发展势头。

20 世纪 70 年代，我国纺织产业获得了新的生命，走上了正常化发展道路。1970 年，三五一一厂再次扩容增量，三车间投入使用，并扩建厂房，组建缝纫车间，配备装置了毛巾机 48 台，当年年底全部毛巾机改为喷气织机。到 1977 年新工房建成，全厂织机增加到300台，至此这座军工厂的生产能力达到了鼎盛，基本建成了我国纺织产业的总体框架。三五一一厂作为总后唯一一家毛巾生产企业，克服了种种困难，为部队的后勤保障做出了突出贡献。

（一）三五一一厂的商业转型之路

改革开放后，三五一一厂调整了生产经营模式，大力拓展民用品外贸市场，踏入了市场经济的征途。1978年开始，工厂增加了商业生产，一改往年单纯军用生产的局面，推出的提花浴巾、毛巾被一时成为紧俏商品。1979年，以市场为导向建立的第二厂定名为西安毛巾厂，管理体制由生产型向生产经营型转变，开拓名品和外贸市场，成为全军第一家向国外出口创汇的企业。

进入20世纪80年代，随着改革开放的逐步深入，三五一一厂的发展进入一个新的历史阶段，深化落实改革开放政策，推进工厂制度改革，拥抱市场经济体制，同时开始以市场需求为导向研发应用新技术。经过一系列经营战略调整后，这家具有厚重军工历史的大型企业开启了两条腿走路的模式，依靠先进工业技术和军需质量保障生产的民用产品走向全国、远销海外，在生产经营工作和企业文化建设方面均取得了一系列成绩。

改革的步伐正在加紧推进，1978年11月24日晚上，安徽省凤阳县小岗村18位农民签下“生死状”，将村内土地分开承包，开创家庭联产承包责任制的先河，没想到次年小岗村粮食大丰收。一石激起千层浪，1982年1月1日，中国共产党历史上第一个关于农村工作的一号文件正式出台，明确指出包产到户、包干到户都是社会主义集体经济的生产责任制。农业领域的承包制引发了全社会的广泛关注，工业领域的承包制也开始提上日程，三五一一厂于1983年破天荒地实施车间内部承包制，这一举措对工厂转型起到了重要作用。到了20世纪90年代，三五一一厂为丰富产品种类，扩大经营范围，引进了一系列先进设备，生产出的军需产品为部队的服装改制做出了巨大贡献，同时积极拓展名品市场，成为全国率先进入商品超市的纺织企业之一。

1993 年底，三五一一厂第一家驻外经营部“西安毛巾厂厦门经营部”正式注册成立，毛巾行业新的营销模式拉开了序幕。在此带动下，成都、北京、兰州等 20 多个经营网点遍布全国各大城市，成为当时毛巾行业的营销典范。1996 年，为迎接香港回归，三五一一厂组织研发新型毛巾被，得到军需后勤部的认可后定名为“97 毛巾被”。1997 年承揽了首批驻港部门毛巾被的生产任务。1998 年引进磁棒多色印花机和新型剑杆织机，同年 10 月创办三五一一厂厂报，同年 11 月工厂作为军队保障型企业归属总后生产管理部直接领导。1999 年通过了 ISO9002 国际质量体系认证，工厂生产的“三五”牌毛巾系列产品被评为西安市名牌产品。

千禧年后的 10 年是三五一一厂面对挑战把握机遇的 10 年。2000 年 10 月军企分开并入新兴铸管集团有限公司管理，同年取得自营进出口权，产品走向国际市场，三五一一厂一度享有“亚洲第一毛巾厂”的美誉。2002 年 11 月 25 日更名为西安三五一一毛巾厂。2006 年 7 月随 39 户军需企业划入际华轻工集团有限公司管理，同年工厂启动了一期土地开发项目，商业用房、地下停车位等资产所形成的租赁收入成为企业近年来主要收入来源之一。2007 年 9 月，西安三五一一毛巾厂改制更名为西安际华三五一一家纺有限公司。

三五一一公司党委书记、执行董事董宏刚于 1989 年来到厂里，见证了三五一一厂在千禧年初期登上全国纺织行业外贸 TOP 5 排行榜的高光时刻，也经历了几年之后江湖地位被后来居上者夺取的失落。而今人们耳熟能详的“金号毛巾”“孚日毛巾”等都是三五一一厂曾经帮扶过的企业，如今却借着互联网扶摇直上。和所有三五一一厂的老职工一样，厂子对于董宏刚来说就像家一样，承载着半生的记忆。因此，保留三五一一厂的历史文化遗迹，延续职工对工厂的感情成为董宏刚的愿景。董宏刚说：“我接手时有人说要卖掉这块地搞房地产，但大家都知道房地产开发是一锤子买卖。我们把地卖了，人家把这儿拆了，又重新盖个新的，人和厂子就再也没有关系了。”

（二）三五一一厂的改造提升之举

董宏刚经历了厂区一路走来几易其主的市场化之路，见证了这座老军工厂的辉煌与沉浮、光荣与黯然，他深知这不仅仅是企业管理及生产设备落后的问题，厂子的进退还与西安城市发展转型方向息息相关。也正因为如此，三五一一厂2010年开始步入寻求突变之路，进行产业结构调整，形成主业生产、物业租赁、土地盘活齐头并进的局面。2012年，为推进“转移生产，控制规模，确保军品持续生产”的需要，公司决定将生产中心转移至咸阳生产基地。2013年，为了发展商业、服务业等第三产业，缩减重污染、能耗大、效益差的第二产业，三五一一厂的生产设备搬离西安城区，这座老旧军工厂的历史使命就此终结。

此时的三五一一厂该何去何从？“保留”还是“拆除”？“延续”还是“创新”？其中新与旧之间的矛盾该如何达到一种平衡？这个问题虽然看似简单，但是不同答案带来的结果天壤之别。经过多次商讨、探索和实践，2018年西安际华文化创意产业园发展有限公司正式成立，标志着三五一一厂未来发展之路的开启，投资4.8亿元对原有厂房仓库等建筑物整体加固和改造，将怀旧工业风格与灵感创意相结合，重新赋予废旧工厂新的“生命”，以“微更新、轻改造”为主导理念将园区定义为“新型社区中心”。2019年，叁伍壹壹城市文创街区项目启动，园区基础建设改造开工，同年12月，叁伍壹壹城市文创街区博物馆首展“一个工厂的故事”开幕。

图5-3　2019年拍摄的三五一一厂的大门

可以说，2010 年到 2020 年的这 10 年是叁伍壹壹城市文创街区改造提升的关键 10 年，一期投资及经营权租赁项目合作正式签约，“三供一业”①顺利移交，新项目落地有声有色，完全踏上复活重生之路。以此为契机，三五一一厂这个曾经留下无数美好记忆的厂区再次焕发活力，聚集在叁伍壹壹城市文创街区的各个品牌一起带动城市更新升级，提升居民生活质量，延续工业文明内涵。叁伍壹壹城市文创街区也荣获“2020 年度中国城市更新优秀案例”。

2020 年 8 月，叁伍壹壹城市文创街区第一届花花大会开幕，50 多个鲜活而富有创造力的文创品牌聚集于此。2021 年 1 月，叁伍壹壹城市文创街区 C 区花市鱼市“生活美学研究大院”开市，独特的建筑美感与全年龄段的生活体验，吸引了众多关注，成为城市打卡的新地标。2021 年 5 月，叁伍壹壹城市文创街区 B 区“美好生活体验工厂”开放，这里既有各式各样精致和时尚的新业态，也有充满烟火气的生鲜超市、生活零售与市集。项目进展至此，除了配套新建的科创办公区 A 区还没有开放外，核心部分已经正式营业，并通过系列营销活动和品牌推广成为西安又一个网红打卡地，可以说三五一一厂向叁伍壹壹城市文创街区的蜕变之路已经基本完成。

在城市的历史变迁中，总有些人或事因为不能顺应发展的步伐退出历史舞台。正如那些烙着工业印记的老厂房，它们见证过城市发展的高光时刻，也在经济转型的浪潮中沉寂，最后可能被人遗忘。三五一一厂就曾面临这样的困境，但在经过改造提升与价值重塑后，把自己包装成了城市记忆的标志性符号，成了这个区域城市更新中不可替代的独有个体，最终实现了由三五一一厂向叁伍壹壹城市文创街区的完美转型，成为老旧工业街区改造提升的研究样本，也成了本文研究的典型性对象。

---

①“三供一业”是指企业的供水、供电、供热和物业管理。“三供一业”分离移交是指国企（含企业和科研院所）将家属区水、电、暖和物业管理职能从国企剥离，转由社会专业单位实施管理的一项政策性和专业性较强、涉及面广、操作异常复杂的管理工作。

二、工业街区的空间生产

20世纪70年代以来，随着城市化运动的突飞猛进，西方发达工业社会进入空间时代，空间生产模式也由先前的空间中事物的生产转变为空间本身的生产。列斐伏尔面对发达工业社会的空间生产现象，用批判的思维和方法对空间生产过程及其问题进行解读，形成了“空间生产”思想。他认为：“空间的整体是一种生产和消费的客体，正像工厂建筑和设备、机器、原材料和劳动力自身。空间生产已经变成当代发达工业社会的主导生产模式。”① 列斐伏尔虽然研究的是西方发达国家的资本主义工业化过程，但是所指的这种现象在所有工业化过程中都存在。三五一一厂的军事工业化之路也离不开“空间生产”模式，而且通过前面的历史梳理和工厂管理者的讲述，可以明显地感受到这种“空间”理念已经融入厂区的历史文化，渗入员工的生产生活中。可以说，从三五一一厂到叁伍壹壹城市文创街区的转变是对“历史空间”的复活过程，也是对工业历史遗迹的二次赋能过程。

一座完整的工业遗迹、一份70多年厂区历史的文化遗存、一组苏式风貌的历史建筑群、77棵原样保留的古树、零零星星的老旧设备……对三五一一厂历史空间的认知，对叁伍壹壹城市文创街区的研究应该从这些看得见、摸得着、感受得到的工业建筑遗迹开始。它们自带时代烙印，传递时代记忆，书写时代变迁，同时生产了一种独具特色的空间，这种空间构成了叁伍壹壹城市文创街区的物质基础、文化载体和情感依托，也是城市更新与城市规划的核心要义。因此，要想更好地理解叁伍壹壹城市文创街区的内涵，必须搞清楚这个特殊军工背景下工业化城市街区的内部形态和几何特征，通过对特殊工业建筑遗迹生产空间的结构分析，为后面媒介空间、文化空间和社会生活空间的阐释做好铺垫。

---

①李秀玲，秦龙.“空间生产”思想：从马克思经列斐伏尔到哈维[J].福建论坛（人文社会科学版），2011(5)：60－64.

（一）联排式空间结构

虽然三五一一厂区已经没有了昔日的生产盛景，工业化历史建筑遗迹经过改造提升完全具备了现代城市声光电的外在符号，但是行走其中仔细观察依然能感受到工厂空间特有的气息。70多年的厂区留存下来众多具有历史价值的苏式建筑、公共空间、标志性构筑物等，工业遗产特性显著，其中联排式低密苏式老厂房构成这个工业化空间向现代城市文创街区转型的关键。

首先，联排式空间布局为城市街区“微更新”提供了可行性。不论是过去还是现在，联排式厂房随处可见，既是流水线生产的需要，也是工业化过程的产物。三五一一厂中承载现代纺织业生产线的厂房也是以联排式的空间结构存在的，一栋栋厂房、一座座仓库接连排列构成了这个工业空间的基本要素，成为改造后城市文创街区的形塑，这种空间结构为三五一一厂“微更新、轻改造”理念的践行奠定了物质基础。“微更新”理念源自西方学者对大规模城市更新模式的批判，注重城市更新中对“人的尺度”的审视，提倡渐进式、小尺度、低影响的更新模式，强调历史文化肌理的延续和传统空间形态的保护，以期唤醒丢失的城市记忆，激活街区活力。三五一一厂联排式城市街区的构造为各种建筑形态提供了很好的适应性，每一排建筑在位置布局、形象设计、三维形体、功能设置等方面基本一样，原有建筑区的利用率得到很大的提高。因此，整个项目在修复建筑空间上尽量还原其原真性和完整性，改造过程也是在老厂房基础原貌上进行更新，将工业时代的遗存进行艺术性改造，呼应项目原址的工业背景。

图5-4　三五一一厂原有的苏式历史建筑

图 5-5　三五一一厂改造过程中拍摄的实景图

图 5-6　叁伍壹壹城市文创街区设计图

其次，联排式城市街区符合现代城市规划理念。三五一一厂的改造提升是自我复活的必由之路，但也必须符合现代社会城市化进程的规律和发展规划。三五一一厂所在区域内，不论是大型的商业综合体，还是现代化的商业小区，联排式建筑群随处可见。而三五一一厂低密苏式老厂房的统一布局和风格形成了清晰可辨的城市空间，改造提升后很容易与所在区域的城市建设、城市风貌、城市基础设施融为一体，进而成为城市空间系统的有机组成部分。同时，借助建筑物与周围商楼的高差和联排式屋顶视觉系统形成独具特色的城市符号，弥补了城市结构中的闲暇空间，构成了辖区城市空间错落有致、形态多样、视觉多元的美学感官。因此可以说，以联排式建筑为依托改造更新三五一一厂符合现代城市设计规划理念，而且这个项目能够获批得以实施也证明了这一判断，同时转型后的叁伍壹壹城市文创街区已经成为现代城市的重要组成部分。

最后，联排式城市街区符合现代商业布局的需要。从三五一一厂到叁伍壹壹城市文创街区的转型，对老旧厂区本身来说是一次转型重生之路，但是从新项目的立项、规划、投资、改造、运营来说是一个不折不扣的商业街区。投资运营公司最终追求的是商业价值的最大化，工业遗迹改造、城市街区更新、文化概念植入、情感记忆营造都是为其商业价值提供辅助和支撑。第一，三五一一厂一致的联排式建筑形态为统一改造提升提供了经济上的便利，土地成本、设计成本、改造成本等方面的投资相对而言比多样化单体建筑的改造提升投资少，符合商业投资的逻辑；第二，经过改造提升建成的叁伍壹壹城市文创街区很好地适应了现代城市规划，许多具有特定历史符号意义的建筑元素、空间载体和现代感极强的联排式建筑群满足了市民多方面的价值需求，所传达的稳定传统性和可识别现代性受到了不少消费者的青睐，符合商业消费的逻辑。这一点给予了项目的持续推进和可持续发展源源不断的动力，也符合现代商业的运行逻辑，从结果来看，为老旧工业厂区的文化保护提供了可能性。要是商业模式不被认可，改造提升的蝶变之路或许就要重新考量，比如走之前提及的商品地产开发之路。因此，从这方面讲，三五一一厂的重生之路既有必然性，也有自身因素成就的偶然性，其联排式建筑群体就为这种偶然性增加了几分必然性。开业不到一年已经成为网红打卡地的现实说明上述判断就目前而言是有说服力的。

（二）行列式空间构成

虽然联排式建筑构成了三五一一厂和叁伍壹壹城市文创街区的核心，但是作为一个综合性的厂区和城市街区，内部形态和空间布局有其多样性的一面，由多个联排式累加而成的行列式分布也占据了重要地位。用托尔斯滕·别克林和迈克尔·彼得莱克的话来说，“行列式可以被理解为大批量生产时代的产物，其线性特征和个体单元的重复性，使之非常符合工业化预制生产的需要。然而这种建筑在建造上具有经济性的标准化生产方式，也有一定的风险，即大量重复会导致形式上的千篇一律和空间上的单调乏味”。① 这种分析首先讲述了行列式在工业化生产过程中存在的必要性，以及在三五一一厂产生的合理性，因为这里的工业化背景一度风靡毛巾生产行业，所谓的大批量生产完全具备。此外，他们认为的风险刚好成了三五一一厂改造提升的优势所在，这种优势与上文中分析的联排式有异曲同工之妙，降低了改造成本，提升了原有建筑的利用率等。

图 5-7　改造期间和改造后拍摄的二层空间

虽然不像联排式那样直接作用于三五一一厂的改造提升，但是行列式空间从结果呈现和内部关联上影响着叁伍壹壹城市文创街区的功能实现。特别在经过改造后的老厂房二层空间，行列式空间构成非常明显，现存的每一个商业主体之间通过二次建造的空中街道相连，一定程度上修复了公共空间的连续性，最终塑造了开放式商业街区的外部空间。人们在这种开放的空间感受到的不再是那种压抑的限定感，而是自由不拘、闲情逸致、悠然自得，这种空间感受与叁伍壹壹城市文创街区花市鱼市商业业态形成良好的呼应，成为叁伍壹壹城市文创街区的一大亮点，也是三五一一厂改造提升的点睛之笔。

---

①托尔斯滕·别克林，迈克尔·彼得莱克. 城市街区[M]. 张路峰，译. 北京：中国建筑工业出版社. 2011：6103－104.

（三）街坊式街区形态

如果说联排式建筑是最基础的组成单元，行列式就是通过对单元的初级排列组合构成一条一条的线性解构，但是三五一一厂完全突破了线性的概念。不管是从历史发展脉络来看，还是从老员工的讲述中感知，抑或是透过历史照片分析，三五一一厂已经具备了一个社区的基本要素。厂区内生产生活、工作学习、休闲娱乐等样样俱全，是一个完全意义上的小社会，对外是一个立体的展示，与周围城市环境之间是一个相互成就的关系，是特殊时代的产物，具有很多工业厂区的共性，同时因为军工背景又保留了自己的个性。当然，放在后工业时代城市更新改造的前提下来看，构建这个工业社区的物质基础就是各种建筑物，也就是那些曾经等待复活的工业遗迹，就是目前叁伍壹壹城市文创街区里的各种建筑物：1 座老厂区、77 棵大树、4 栋风格鲜明的厂房、十几栋具有年代感的老建筑，这些物质载体最终构成了这个特殊的城市空间。

首先，街坊式城市街区容易实现与城市空间的融合。就这个城市空间而言，由于受到军事工业特殊的历史背景和工业化社区原有功能定位的影响，由三五一一厂改造提升而成的叁伍壹壹城市文创街区相对于周围的城市空间而言，是一个有保守性、封闭性、限定性的街坊式街区形态。前面所说的联排式建筑形态和行列式建筑布局仅仅是其内部结构，这些结构元素加上其他建筑形态共同构成了这个街坊式的立体化城市空间，并最终以街坊式的形态对外呈现，并以此为基准与城市更新融合，而街坊式城市街区最大的特点是容易与周围城市更大的空间系统直接相连。“城市街坊是一种界面连续且闭合的城市空间，与城市街道的网格、建筑物控制线相关联，有多个出入口可以供人车通行，从而确保周围的城市肌理和外部的城市空间能够连续。”①正是因为街坊式易于融合的特点，在后工业时代城市化进程中成为引领城市更新的一股潮流，成为老旧厂区、老旧小

①托尔斯滕·别克林，迈克尔·彼得莱克．城市街区［M］．张路峰，译．北京：中国建筑工业出版社．2011：85．

区、老旧街区城市规划的重要工具。

图 5-8　叁伍壹壹城市文创街区的区位图和全景截取

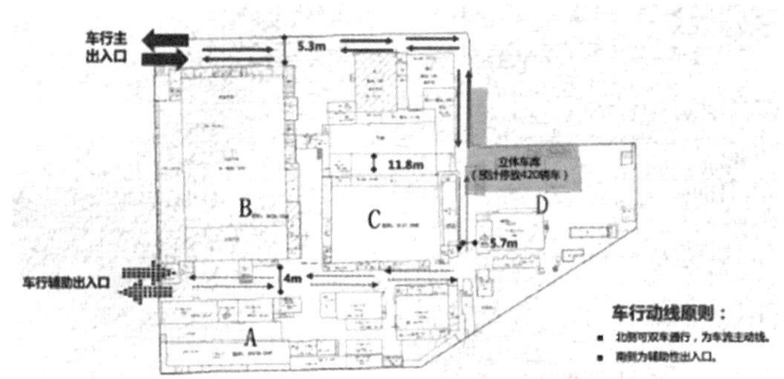

图 5-9　通过车行线路了解叁伍壹壹城市文创街区与所在城市区域的连接点

其次，街坊式城市街区能承载符合时代潮流的商业模式。叁伍壹壹城市文创街区的街坊式城市空间承载了一种新的商业模式，其理念源于新加坡的新型社区服务概念“邻里中心”①。“邻里中心”是集合了多种生活服务设施的综合性

①“邻里中心”这个最早引入新加坡的社区服务概念，指在 3000 ~ 6000 户居民中设立一个功能比较齐全的商业、服务、娱乐中心。能够妥善地解决城市居民生活质量和城市环境中的若干实际问题，对新加坡经济社会发展和人群素质的提高起到了根本的保障作用，引起许多发达国家的关注。在美国、新加坡，我国苏州、南京、北京等地都出现了不同类型的邻里型购物中心。社区商业业态是不同于百货公司、超市、卖场、商业街的第五商业业态。

市场，作为集商业、文化、艺术、休闲、小资、亲子等功能于一体的城市生活空间，围绕这一理念配套“油盐酱醋茶”到“衣食住行闲”，为百姓提供“一站式”服务。同时这种商业模式接地气，求务实，关注民生，完全符合百姓的生活习惯，具备超市购物、园艺花卉、特色餐饮、生活百货、儿童教育、休闲娱乐等多种业态，是周边居民消遣娱乐的好去处。此外，这种商业模式刷新了原有商业体验，明确将消费群体定位在周边3公里内的小区居民，在业态上也较传统社区商业进行了升级。不论是美食饮品、生活用品、创意产品、艺术产品、园艺产品，在每一个领域，都是最能和年轻人生活消费贴近的，是探索本地年轻人生活品位和原创口味的好地方。三五一一厂在改造提升过程中引入“邻里中心”的概念，以社区服务的构建为出发点，将目标客群确定为周边3公里内的社区居民，希望为其提供日常就餐、购物以及休闲娱乐等一站式服务。因此，叁伍壹壹城市文创街区引进了涵盖生鲜集市、餐饮、咖啡、酒吧、烘焙、花艺、宠物、书店等文创业态的经营模式。此外，不同于传统意义上的商铺，“邻里中心”摒弃了沿街为市的粗放型商业形态的弊端，与传统商业相比较，环境更优良，配套更齐全，购物更方便，档次更高端，消费更亲民……被业内人士誉为“区域性商业服务中心开发建设的一个新的里程碑”。而叁伍壹壹城市文创街区的运营数据从另一方面证明了这一判断的合理性。据叁伍壹壹负责人郭博策介绍，目前开放运营的园区有B、C两个区域，面积近3万平方米，入驻商户200余家，目前整体招商完成85%。6月19日在园区举办的创意市集活动“花花大会”，一天内吸引了超过3万客流①。

联排式、行列式、街坊式都是建筑学领域的概念，在此结合三五一一厂的改造提升以及叁伍壹壹城市文创街区的规划、建设、运营进行阐述。首先，因为改造提升本身就是一个二次建筑的过程，很多方面都离不开建筑学的规划理

---

①陈星星. 生鲜市集＋花鸟鱼市＋休闲餐饮：老厂房如何变身社区商业中心[EB/OL]. [2021-07-01], https://new.qq.com/omn/20210726/20210726A02ULV00.html.

论、涉及原理以及具体实践。这些概念的引入能够很好地解释三五一一厂转变成叁伍壹壹城市文创街区的内在逻辑，回答“为什么目前是这种形态而不是其他形态”的疑惑，厘清叁伍壹壹城市文创街区空间建构的特殊性和合理性。其次，通过分析现有街区空间的来龙去脉，为更好地理解后面要说的建筑更新、功能解构、情景建构做好铺垫，毕竟这些要素的呈现都是以原有的工业历史建筑遗迹为内在纽带，以改造提升的新建筑形态为物质载体。最后，通过对三种模式的综合分析会得出一个相同的结论：叁伍壹壹城市文创街区的建设符合城市更新的逻辑，符合商业价值提升的逻辑，前者为老厂重生创造了充分条件，后者为新城市街区的持续发展提供了必要条件，两者缺一不可，互为补充。从本文研究的角度讲，没有改造过程就失去了对年代感的追溯，没有历史遗迹蝶变重生之路就失去了对文化传承的勾连，没有新城市街区的可持续发展就失去了媒介空间、文化空间、情感空间以及社会生活空间这些后续研究内容的支撑。

三、城市街区的功能建构

三五一一厂到叁伍壹壹城市文创街区的改造提升过程，单独来看属于一个老旧厂区的自我复活和价值重塑过程，不过放在城市发展历史轨迹上看属于城市更新的范畴，是将城市中已经不适应现代化城市社会生活的老旧工业区、老旧商业区、老旧小区、老旧街区等城市建成区域，根据城市规划进行综合整治和有机更新的活动。用城市规划领域的专业化定义来说，城市更新可定义为借由实质上维护、整建、拆除等方式使城市土地得以经济合理的再利用，并强化城市功能，增进社会福祉，提高生活品质，促进城市健全发展。也就是说对市中心建筑物的改建、贫民窟的迁置与历史遗迹的保留，以创造一个美好的工作与居住环境。第二次世界大战后，西方发达国家一些工业化大城市中心地区的工业出现了向郊区迁移的趋势，原来的中心工业区开始衰落，面对这种整体性的城市问题，许多国家纷纷兴起了一场城市更新运动。在最早的工业化国家英国，城市更新的任务更加突出，工业历史遗迹改造提升工作更加紧迫，其表征的意义不只是城市物质环境的改善，还有更广泛的社会与经济复兴意义。当前我国城市更新的大背景与三五一一厂的改造提升相得益彰，西安“十四五”期间系统推进城市有机更新的发展规划与叁伍壹壹城市文创街区的发展相辅相成，因此才有了叁伍壹壹城市文创街区的今天，也将带来可持续发展的明天。具体到改造本身而言，所有的空间再造都是经过对原有工业遗迹的更新实现的。因此本节内容是在上文梳理建筑元素、空间布局以及整体形态的基础上，剖析每一个建筑单元的更新理念，每一个空间构成的功能区划和整体的场景营造。

（一）老旧厂区建筑遗迹微更新

三五一一厂的基础是老厂房、老建筑，既然选择了改造提升而不是推倒重建，那么所有的工作都应该从这些老旧工业遗迹更新开始。工业历史遗迹更新的目的是对其无法满足现代需求的部分进行拆迁、改造、投资和建设，以全新的城市街区替换老旧厂区功能性衰败的物质空间，使之重新发展和繁荣，三五一一厂的改造提升就是对这一目的的实践过程。

在整体布局上，三五一一厂按照“微更新”的原则；在修复建筑外部空间上尽量还原其原真性和完整性，以提升建筑的吸引力，增加旧建筑的活力；在设计规划上通过控制建筑高度还原工厂的形式，保留工业怀旧风，不仅是对原有的建筑资源的充分利用，同时也是对工业历史及文化资源的延续和传承，与民洁路居民的生活社区形成鲜明对比。

在规划设计上，老旧建筑改造设计手法的运用一方面受到原有建筑自身条件的影响，建筑物保存的完好程度直接决定了更新得以实施的可行性和预期效果，三五一一厂相对完整的工业遗迹为更新改造提供了前提条件；另一方面受到周围环境的制约，在改造的过程中需要结合原有建筑的特点，需要考虑周围环境的适应性，同时还要符合城市发展规划的理念，自我改造修复应该恰到好处，能够达到与周围新建筑浑然一体的感觉，或者起到画龙点睛的作用，千万不能出现格格不入的情况。三五一一厂的改造提升，通过划分历史建筑的基础单元，根据各自的状况分为保留、拆除、新建三个部分分别设计规划。

不论是新建的还是经过老旧街区改造的城市街区，空间布局是这一类城市空间区别于已有商业综合体的关键所在，也是城市街区的核心要义所在。新建的城市街区自然有其完善、成熟、可行的一套体系，但是改造提升受原有建筑布局的影响比较大，因此如何通过有效的建筑更新实现空间布局效果最优是一项难题。三五一一厂根据原有厂房的实际层高，将厂房分为两层，并在内部适当加建，两层空间各有分工，一动一静体现了空间交互方面的哲学：一层延续了民洁路周边密集的住宅区和繁忙的早市生态，扩散“市井烟火气息”，在一层聚集菜市场和多种美食业态，整合满足周边居民需求；二层以空中花市为突破口，整体划分为 A、B、C 三个区域，二层不仅光照充足，全天采光完全无须灯光照明，并且保证了较好的空气流通性。空中花市并不临街，远离一层和周边的闹市，闹中取静，与一层的“市井生活气息”相互映衬，一动一静，颇具空间哲学。

在环境营造方面，建筑是一个相互依存的资产，在赋予城市场所感方面起着重要作用，因此各种与其相关联的环境改进措施共同促进了实际效果的生成，共同改变着老旧城市街区的外观和形象。叁伍壹壹城市文创街区增添了许多宜人的景观小品，在“微更新”模式下可以通过划分街区的生态单元，对街区内每一个生态单元进行环境评估，并根据不同的评估结果做出相应的补充设计。文化街区内随处可见一些大字板，写着一些颇具浪漫与情怀的文字，如在 B 区与 C 区之间的折角形楼梯设有绿色景观过渡，重建人与人之间的亲密关系，并且使人行走在园区内也能时刻感受到天气变化。此外，街区整体规划通过优化空间布局实现动线合理、疏密相间，通过改造提升满足了区域资源的功能整合诉求以及各板块间的功能协调要求，最终实现了与周边老厂区、生活区、商务区的和谐共生。

（二）更新后城市文创街区功能建构

建筑更新是手段，功能建构是目标。建筑更新就是通过必要的功能调整以延长现有建筑的有效生命，传递现有建筑的文化血脉，实现老工业区遗迹建筑与城市生活之间的协调，实现多重社会功能的建构。三五一一厂就是通过对工业遗产建筑的活化设计与更新再造，打造了一个“文化与生活对接”“艺术与幸福结合”“共享、交流”的特色叁伍壹壹城市文创街区，创建了一个以社区服务为主，融合生活配套服务与文化体验空间的复合型社区商业中心。叁伍壹壹城市文创街区涵盖生鲜超市、生活零售、餐饮、咖啡、烘焙、花卉、亲子、书店、展馆、杂货、周末创意集市及其他创新产业业态，搭建了一个亲民、利民、便民的具有独特文创基因，并贯穿全新消费理念的文艺型、场景沉浸式社区商业新物种。在功能设置上也是完全遵照这一理念，在充分挖掘老旧厂区功能价值的基础上进行“破圈”，对原有的功能分区和价值体系进行解构，重新审视改造提升后文化街区的空间布局和街区定位，并结合城市更新的需要对其功能进行重新建构，实现原有工业历史遗迹留存功能与现代城市街区功能的融合。从而达到功能延续性、多元性、现代性、商业性、文化性、情感性共赏、共享、共情的良好效果，为街区的商业形态布局和城市商业服务中心建设奠定基础，也为深入这个具有特殊城市文化背景中的游客、顾客、看客提供一种全新的视觉体验、感官体验、情景体验以及行为体验。

叁伍壹壹城市文创街区在具体功能分区上有 A、B、C、D 四个区域，此前 C、D 区域都已完成改造。随着 B 区于 2021 年 6 月份正式投入运营，厂区长达三年的改造告一段落，接下来需要进行的是为了完善街区功能配套而建设的新建筑。

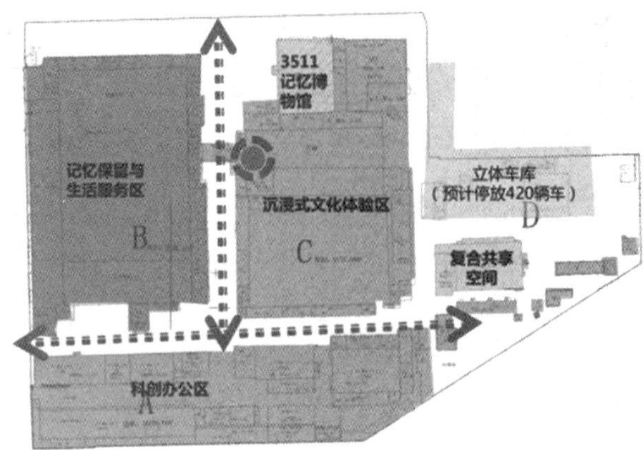

图 5-10 叁伍壹壹城市文创街区功能分布示意图

A 区功能方向：后期新建建筑，宜做科创办公区，目前可考虑为手绘墙，主要以氛围包装和快闪店为主，改善园区环境。后期建筑为新建高层办公区，以创意办公（联合办公、独立办公）为主导功能业态，打造科技创新为主的双创合作交流平台，同时借助三五一一厂的军工企业背景和军民融合发展轨迹，打造部分实验室、研究中心、军民融合智能制造中心等高精尖科创业态。

B 区功能方向：这个区紧沿交通要道——民洁路，为城市文创街区形象的最佳展示区，树立项目品牌的核心所在，区域价值最高。功能定位上从“生活记忆”入手，打造生活服务区，要求业态为生活服务配套。文化创意零售和生活美学零售以“文创生活场景”为核心构建 15 分钟美好生活圈。此外，这一区域与交通要道相连的区位优势，交通功能的完善显得更加重要。为了方便人们进出和增加人流量，在目前主要出入口位于西侧的基础上，增加 B 区西侧人行出入口，形成一个网格化的交通分布。

C 区功能方向：北区小厂房建筑形态保存完整，西侧还有小广场，氛围价值最高，利用小面积老旧厂房打造“叁伍壹壹记忆博物馆”，可引入雕塑常态展等，常态化展出知名雕塑家作品，为国内外雕塑家提供创作、交流空间等。南侧老厂房保存完整，紧邻工业遗迹以及北侧廊道，环境氛围最佳，适合以氛围为主的复合业态，可提升此处的民生功能。C区的整体定位是文化体验，通过“复合业态+多元品类+文化赋能+主题场景”等形式，迎合新生代消费诉求。通过“体验经济+服务功能+跨界融合+场景营造”等多方面融合，打造沉浸式文化体验区。以商创为主导功能业态，深度孵化创意商业、特色商业，部分区域可以考虑安排办公、教育、作坊业态。

D区功能方向：以“发挥物业价值”为原则，对这一区域的遗迹进行改造，保留烟囱及周边建筑，维持“老厂房”的原风貌，将锅炉房改造为WEWORK复合空间，业态为酒店、办公、咖啡屋等。

叁伍壹壹城市文创街区经过功能细分，最终以“一芯、一馆、两轴、三组团”为基础结构，办公空间、交流空间、休憩空间相互渗透，融合办公、休闲、社交、生活等多种功能，不同建筑空间可以灵活满足不同使用者的需求。

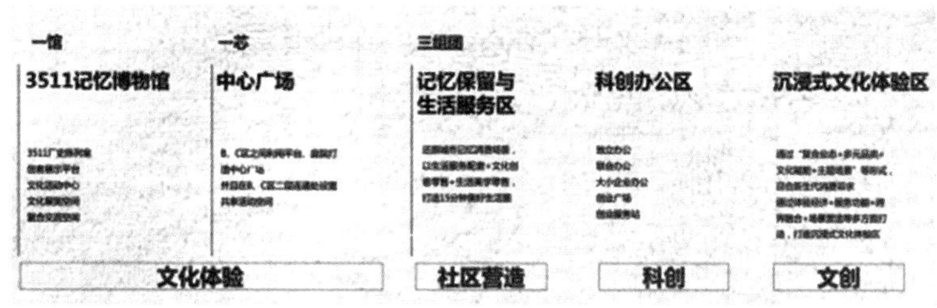

图5-11　“一芯、一馆、两轴、三组团”基础结构图

（三）多元功能街区情景空间建构

如果从纯商业的角度讲，三五一一厂的改造已经完成了，一个具有多元功能的叁伍壹壹城市文创街区已经投入运营，但是对于一项研究来说这仅仅是一个开始。一般来讲，工业历史遗迹的更新包含两个方面：一方面是对建筑物本身的改造；另一方面是对各种生态环境、文化环境、视觉环境、空间环境等的改造与延续，包括邻里的社会网络结构、心理定式、情感依恋等的延续与更新。因此，目前只完成了第一个方面的梳理，对第二个方面的分析才是核心与精髓所在，当然，相对于看得见、摸得着的第一部分，这部分内容更加抽象。以B区的核心概念“记忆留存”为例，如何让这个抽象的概念具象化，不仅需要在建筑设计上通过“情景空间”营造氛围，通过“情感导入”让原本无形的空间变得有形，并通过它们作用于人的“情景空间”。毕竟情感是人对外界事物作用于自身时产生的一种生理反应，是由需求和期望决定的，当这种需求和期望得到满足时，人便会产生愉快的情感。

情景空间建构的核心是以景抒情，通过一种意向的情景制造来表现空间，从而突出每个空间的个性，突出每个空间与人的互动体验，满足人对空间的某种需求和期望。叁伍壹壹城市文创街区 B 区是老厂房改造而成的区域，建筑空间的梁底高度受限，尤其是在部分区域增建二层之后更有必要增加各种关系的丰富性，于是通过引入创意花市来营造“生活之美”的情景空间。叁伍壹壹城市文创街区花卉市场是西安市第一家营业至晚上的花卉市场。大众对街区的青睐与它的“花”息息相关，这也是叁伍壹壹城市文创街区别于其他文化街区的显著特点与创新之处，立足于花卉市场，定期举办“花花大会”，从分享内容、市集品牌、特展与音乐演出等向不同人群发出邀请，吸引了来自城市更新、社区营造、社区商业、公共艺术、公共空间等多个领域的伙伴。

在内部空间上需要改变联排式老旧厂区的单一空间构成，融合生活配套及文化服务两种类型的商业。而这两种商业类型的空间关系需要有一个过渡，除了交通关系有错落感，还要增强趣味性，于是需要建构一个过渡性的“情景空间”来暗示下一个区域的空间。但是这个空间的营造要符合人们的认识、情感、行为，不仅街区文化不同于城市商业综合体，在相对自由开放的空间里使用指示牌与其调性不符，反而可以通过迷路感来增强“逛”的趣味性，最后通过在转角建构一个个独具特色的“空间”，实现人在空间中应有的感知以及人与空间的互动和交流。

为了建构“情景空间”而实现“情感导入”，叁伍壹壹城市文创街区的工业遗迹留存、公共装置和转角构建，是致敬 20 世纪的时代记忆片段。街区保留了旧时工厂烟囱和墙体标语，带给居民强烈的文化沉浸感、工业沉浸感。在一二层的过渡空间铺设了一大片草坪，与周围的大树、绿植组合，形成公园式的休憩场所，带给人们消遣的满足感。在公共休闲区域设置了天台、大面积的阶梯以及涂鸦墙等网红打卡点，不仅能够满足周边居民纳凉、遛弯的需求，同时能够吸引年轻人打卡、聚餐、求婚……这种新旧都市、新旧建筑的文化反差体现出空间的连接潜力——不仅连接过去，还要连接更多的未来，不仅满足了追忆工业历史的情感诉求，也顺应了追逐网红打卡的心理诉求。

四、结　语

经过建筑更新，三五一一这个老旧厂区再次复活了，经过功能建构，改造提升后的城市文创街区既有历史文化的厚重感，又有直观活泼的现代感。但是与单纯现代化商业综合体不同，老旧厂区经过商业化改造形成的城市空间具有独特的灵魂，承载了不少人的年代记忆，容易唤起人们的情感共鸣，这是其核心内涵所在，更是其存在的价值所在。这一部分内容的梳理简述了三五一一厂的发展历程，又通过对建筑遗迹本身的解读，阐释改造过程中的城市更新理念，描述了叁伍壹壹城市文创街区的空间构成。最后对这种物质的空间构成给予情感化分析，并结合项目本身的设计理念、运营理念以及显示效果回答了本章节开头部分提出的问题，同时为后续研究打下坚实的空间基础和情感基础。

第六章 “第三空间”：西影电影圈子的视觉叙事与空间延伸

三维立体思考的模型在空间生产三元组合中实现了思想模型的具化。爱德华·索亚以列斐伏尔的空间生产三元组合为起点，结合多年来对城市空间进行后现代批判研究而取得的理论成果提出了第三空间理论。他借鉴了蓓尔·胡克斯的边缘差异空间、福柯的异形地质学、空间女权主义以及后殖民主义批判等经典理论，将“他者化－第三化”作为第三空间理论的关键突破点。① 而真实的物理空间主要是建立在地理场域之上的，依靠建筑物和实物组建形成一定范围内的空间叙事，精神空间更多的是在视觉叙事基础上将思想理念、思维意识，甚至是精神情感与历史和现实实物相互勾连，从而形成一个文化街区内的主题核心。某种程度上，视觉叙事主要是通过视觉效果在主体位置移动过程中的呈现，将空间场域中的实物进行不同层次的展示。公众通过参观游览、深度参与，或者亲身体验时间变化中的历史痕迹，找到集体记忆中属于主体自身的部分，以及在时代变迁中遗失的部分和一直延续的部分。

西影厂作为老旧厂区改造的文化街区，现在置身于繁华都市内部，在地理位

①张志庆，刘佳丽. 爱德华·索亚第三空间理论的渊源与启示[J]. 现代传播. 2019(12):14－20.

置上有着独特的优势，加上中心城市建设在许多方面的倾斜，西影厂的整体发展规划都有一定的有利条件。那么，西影厂的发展脉络与当下街区内展示的实物有着什么样的关系？公众参与的形式是什么样的？他们又将如何传播？空间内部所有实物又是以什么样的形式呈现在公众眼前，对公众产生冲击的？笔者通过深度参与观察法、访谈法以及田野调查的方法，对西影厂文化街区的现实业态进行研究分析，使用“第三空间”的视觉叙事把历史文化与媒介融合在文化和技术层面相互勾连，重新建构西影厂的文化符号。

一、从西影厂到西影电影圈子

1958 年夏天，大雁塔东边的土地上还种着一大片麦子。同年 8 月23 日，在大雁塔东边 500 米左右的地方，西安电影制片厂成立。“文化大革命”之前，西影厂已经形成了一套相对完备的电影制片体系，厂里的生产设施也达到了国内先进水平，并生产制作了 19 部影片，其中著名的有《三滴血》《桃花扇》等。“文化大革命”开始之后，西影厂的生产进入停滞状态，用于拍摄电影的设备也闲置下来，而且这一时期有高达 260 余万元的欠款。与此同时，许多人离开了电影行业。1979 年是西影历史上最辉煌的一年，无论在艺术、经济还是声誉上，西影厂都有较大的发展。由滕文骥、吴天明执导的电影《生活的颤音》、孙敬导演的《乳燕飞》被列为国庆三十周年展映片，《生活的颤音》获得了当年的文化部优秀影片奖，并得到了邓颖超的赞扬。1982 年，西影厂制作的《西安事变》开辟了我国重大革命历史题材电影的新时代，荣获当年金鸡奖、百花奖的优秀影片奖等奖项，并于次年创造了在香港七家影院联映、公映时间长达 21 天、观众达 25 万人、总收入约 360 万港元的奇迹。1988 年，在深圳举办的第十一届百花奖和第八届金鸡奖颁奖大会上，所有颁奖的 25 个奖项中，西影一举夺得 15 枚“金牌”，几乎囊括了所有重要奖项，创“双奖”设立以来一个厂家在一个年度中获得奖项数的最高纪录。

1989年，西影厂投产的影片全部超成本，并且盲目地沿用苏联的“大而全”模式，制片厂被办成小社会，各科室、后勤、幼儿园等一应俱全，占用了大量资金，直接造成1989年的全面亏损。也是这一年，电视剧市场膨胀，同时整个电影市场碰壁，电影观众减少的同时成本却激增。与此同时，电影界普遍亏损，陷入困境。当时的西影厂借贷超过2000万元。1990年上任的第四任厂长接手西影厂时，面临着7000万元的巨额亏损。后来经陕西省政府协商，运用行政手段消解了小部分债务，又通过将西影大酒店等资产出租给银行等方法逐渐化解债务。

1990年到1995年，西影厂的《黄河谣》《双旗镇刀客》《筏子客》《大话西游》等57部影片荣获国内外大奖，其中《站直啰，别趴下》获奖13项，《背靠背，脸对脸》获奖12项，《炮打双灯》获奖15项。1996年，张丕民上任厂长时，西影厂已经化解了全部债务，留下利润800多万元。他采取了更多改革举措，有意识地把精良资产与不良资产进行剥离，并于2000年5月30日联合上海西城实业有限公司、西安天慧信息有限责任公司等8家企业组建了西影股份有限公司，而西安电影制片厂只是履行出资人的职责。2001年8月20日，中央宣传部、国家广电总局、新闻出版总署联合下发了《关于深化新闻出版广播影视业改革的若干意见》，其中在“改革的主线和重点”当中提到：“以中影、上影、长影、珠影、峨影、西影为骨干，组建六大电影集团。”2002年1月，中共陕西省委宣传部、省广电局、省新闻出版局出台了《关于贯彻〈关于深化新闻出版广播影视业改革的若干意见〉的实施意见》，其中表明：“西部电影集团属于企业性质，以西安电影制片厂为主体，联合西影股份有限公司、陕西电视台电影频道、陕西省音像出版社、省市两级电影发行放映公司、新组建的影视光盘公司等单位组建。”2001年到2009年期间，西影厂一度筹划上市，但是因为当时“电影产业不得注入外资”的政策，西影厂的上市便搁置了。

2009年5月8日，西部电影集团有限公司隆重挂牌成立，成为规范的市场主体。2012年，新任西部电影集团有限公司总经理张宏为西影厂确定了一个短期内必须达到的目标：中国电影的主力军，西部电影的领航者。2016 年，随着“支持西影做强做大”被写进《陕西经济社会发展“十三五”规划》，省委深改组文化体制改革专项小组审议通过《西部电影集团有限公司关于进一步深化改革振兴发展的方案》，西影集团进入了机制改革的“换挡期”。

西安电影制片厂曾经是中国电影史上的一段传奇。最辉煌的时候，它是中国电影走向世界的名片，迄今保持着国内获奖数量、影片出口数量第一的纪录，但在惨淡的时候，负债累累且主业没落。从西安电影制片厂到西部电影集团，西影厂一直走在改革的路上。2017 年 6 月 12 日，西影集团发布西影电影、西影传媒、西影文旅、西影资本四大板块战略布局。西影文旅通过打造电影圈子，建设西部地区规模最大的电影产业集聚区，还将搭建多个产业服务平台，构建陕西影视力量优势互补和融合发展的大格局。

西影资本布局则通过西部电影投资基金落地，首期规模 10 亿元，将融合建信信托的项目投资、资金管理优势及西影集团的电影品牌、影视资源和人才优势，积极孵化优质的影视项目、原创 IP 影视股权项目，并致力于整合产业要素，拓展电影产业链的多层次价值投资。其中“电影圈子”有志建成中国最美电影主题园区，园区占地约 9.7 万平方米，建筑面积 20 万平方米，对西影老厂区进行保护改造，同时开展艺术空间和产业空间的融合探索。①

二、作为物理空间的西影电影艺术体验中心

“空间理论”这一概念源于法国城市社会学家列斐伏尔，在列斐伏尔理论的基础上，美国学者爱德华·索亚提出，“第三空间”应包含空间的现实物质维度，也覆盖空间的精神维度。在以上两位学者的基础上，美国社会学家欧登伯格对“第三空间”这一概念又进行了不同的解读，他在《绝好的地方》一书中这

---

①杜林杰. 西影集团：文化体制改革的西部名片[J]. 新西部(上旬刊)，2018(10)：25 – 28.

样写道：“家庭居住空间为第一空间，职场为第二空间，而城市的酒吧、咖啡店、博物馆、图书馆、公园等不受功利关系限制的公共空间为‘第三空间’。”根据欧登伯格的描述，可以将城市中公共的、具有多元功能的空间综合体看作是“第三空间”的代表。欧登伯格还强调“第三空间”具有包容性、平等性、自由性等特征，便于公众来往，是中立的，不含任何立场，以特色的空间文化形式存在。交流是其最基础的功能，趣味性与游戏精神也必不可少，能够给公众带来释放自我的舒适性。结合爱德华·索亚关于“第三空间”的理论及其阐释，笔者发现当下中国的电影主题博物馆的创新转型发展，与“第三空间”的特性有着相应的契合之处，这些电影主题博物馆正是物理空间与精神空间结合的生长点。再者，从欧登伯格所认为“第三空间”具有自由性、包容性、平等性来看，当前的电影主题博物馆和大多数博物馆一样，均强调展览、服务和精神三个层面。电影博物馆作为“第三空间”可以从以下几个方面予以界定：一是“第三空间”是大众欣赏学习、体验交流、休闲娱乐的实体化场所，可通过精准选址，加强空间设计，营造特色氛围，从物质层面建设突显其便捷性、独特性、中性化与自由化的特征；二是“第三空间”具有高度包容性的社会意义，体现了自由平等及兼顾个性与多元的价值，可通过跨业态复合型运营模式提高服务质量，满足大众对以交流为基础的多元化需求；三是“第三空间”具有人性化、趣味性特点，能带给大众心灵上的抚慰，可通过深耕主题内涵、组织特色活动、进行文化互动等精神层面的建设带给大众归属感。

西影电影艺术体验中心位于西影电影圈子园区内，于2019年8月29日正式对外开放，并于2020年5月18日正式加入博物馆行列。西影电影艺术体验中心包含九大展区，分别为主题序厅、电影老爷车博物馆、电影胶片收藏库、大话西游奇妙屋、电影制作技术科普体验区、电影服化道展示体验区、世界电影放映机收藏博物馆、光影互动体验区以及西影厂史馆，在设计上以电影艺术、电影制作技术和西影厂历史为展示重点。从对物理空间的解释与判断的角度来检视此“第三空间”，可以发现其有如下几个特点：

（一）处于可抵达性较强的优越地理位置

“第三空间”理论强调空间的便捷性以及公众的使用率。因此，在物理空间层面，地理位置的优越一定程度上会提高公众使用率。在当下，如果这一空间的地理位置毗邻商圈、景区或交通枢纽等基础设施良好、交通便利且环境优美的场地，便能够形成集聚效应，吸引周边以及更大范围内的公众前来体验。西影电影艺术体验中心位于西影电影产业聚集区内。整个西影电影产业聚集区位于原西安电影制片厂所在的西安市雁塔区西影路508号，这里以西安电影制片厂为基础，有着60多年的文艺积淀和电影历史。并且，园区地处西安曲江新区核心区，西临大雁塔、南眺曲江，与西安地标大雁塔直线距离500米左右，与大唐芙蓉园景区直线距离也是500米左右。站在大唐芙蓉园景区内紫云阁上，看到大雁塔的同时，也能看到西影大厦，在整体上形成巨大的城市景观。西影电影产业聚集区附近公共交通相当便利，东边距离西安轨道交通3号线北池头站B口530米，西边距离3号线与4号线换乘站大雁塔站C口600米。发达的交通便于市民与游客来往，不仅方便市民和游客参观游览，更为整个园区提供了稳定的客源。

（二）由鲜明电影主题形成的独特文化空间

由于人们对“第三空间”的迫切需求，博物馆也顺应时势做出了改变。第十届国际博物馆协会会议对博物馆进行了重新定义：“博物馆主要是为社会和人类发展服务的，具有公共性的和无利益化的永久性机构，它以教育、观赏和研究为目的，对具有见证人类和人类环境的物质进行搜集、储存、维护、研究、传播和展览。”而行业博物馆的定义在《试论行业博物馆的特殊性》一文中被提到，从本质上来讲，行业博物馆并没有超出一般博物馆的范围，还是属于一般博物馆。而它的特殊性就在于“行业”二字，其不仅表述了自身特定行业的历史发展过程，还包含了人类地域、风俗活动、风俗习惯等。① 其功能包含承载行业历史的收藏功能、研究功能和教育功能。

在国外，知名的电影博物馆有奥斯卡电影博物馆、意大利国立电影博物馆等。在国内，以电影为主题的博物馆相对较少，大多是在建国初期六大电影制片厂的基础上发展而来的，目前比较著名的有中国电影博物馆、上海电影博物馆等。西影电影圈子园区是西部唯一以电影为主题的文化街区，西影电影艺术体验中心更是西部唯一以电影为主题的艺术体验场所。西影电影艺术体验中心通过空间设计、场景打造、展示陈设等突显电影主题文化，打造电影主题的核心文化空间。在整个产业聚集区内，分布着大量电影主题的建筑与街景，如胶片电影工业馆、西影 TIME 影院、西影光影剧场、星光大道等。其中胶片电影工业馆至今还保留着完整的电影胶片洗印生产线，系统展示了传统胶片时代电影从底片到发行拷贝，以及胶转磁、数字化修复等全部工艺流程。星光大道贯通园区南北，梧桐掩映两旁，西影 1958 年老办公楼、西影国际院线综合体、西影 123 号摄影棚、西影艺术中心、置景车间、电影培训中心、西影产业集聚中心等分布于两侧。在大道的两侧，西安电影制片厂得过的电影奖杯被制成雕塑，立于两旁，这些奖杯作为物质媒介，传递着西影厂曾经的辉煌与如今的新生。

（三）具有满足多种需求的空间功能

西影电影圈子将娱乐、教育、餐饮、休憩等多个功能融合在一起，构建了一个复合型的文化空间，提供各类文化产品与服务，满足了市民与游客多元的需要，为市民与游客带来丰富的体验。第一，依据不同游客群体的喜好、文化层次、游览需求，西影电影圈子在园区内划分不同的功能区，打造集参观学习、产品展示、休闲交流、文化体验于一体的综合型文化场所。第二，西影电影圈子积极拓展多元业态，着力于多元的增值服务，形成“展览 + 餐饮 + 教育 + 文创 + 阅

①王畅. 试论行业博物馆的特殊性[J]. 中国博物馆,2003(4):7 - 10.

读”的跨界组合经营模式，延伸自身产业链。第三，西影电影圈子将自身IP与主题特色相结合，推出主题影院、主题书店、主题咖啡馆、主题酒店等，满足了游客的多元需求。总体而言，在西影电影艺术体验中心内，采用的是“欣赏+娱乐+教育”的多业态融合模式。在整个场馆中，多数展区以展览为主，供游客欣赏学习；而在一些互动体验的场馆，以互动娱乐、拍照打卡为主。

（四）线上线下“双线”联动以增强互动效果

西影电影圈子整合线上线下资源，积极开展各种文化活动，并借助新媒体技术与粉丝形成互动。西影电影艺术体验中心作为西影产业聚集区的收费部分，自然是线上线下的主要依托。一方面，电影圈子凭借自身丰富的文化属性，开展各种文化活动。仅2021年，“西影电影圈子”微信公众号中推广的线下活动就有“过年来西影”“元宵猜灯谜”“不负韶华，美在西影”“踏春游园摄影大赛”等针对游客的活动，还有端午趣游、露天观影、帐篷涂鸦等针对少儿的活动，还会与机构联合，举办“博物馆小小讲解员”的比赛等。这些活动不仅加深了市民与游客对电影主题文化的了解，更为市民与游客提供了交友、休闲的场所。另一方面，西影电影圈子与互联网深度融合，利用线上社交媒体资源，以当前公众喜闻乐见的形式推广园区内的店铺以及西影电影博物馆，加强与游客和市民的互动。西影电影圈子在微博、微信、抖音等平台日常推送互动信息，包括店铺开张、活动预告、游览参观等信息，还会在公众号上推送拍照指南和构图技巧，教游客如何利用园区内的元素拍出时尚大片。博物馆的照片主打“民国风”和“电影情绪风”。关于拍照打卡的内容生产在小红书更为丰富，在以种草打卡为主要内容的小红书，也有很多西影电影艺术体验中心的内容，关键词为“拍照打卡圣地”“小众博物馆”以及“大话西游”等。在大多数博主的推荐中，西影电影圈子是溜娃、拍照、休闲的好去处。为方便内容上线，在线下的场地上，西影电影圈子园区内也设置了众多可以打卡拍照的道具，如合影板等，在西影电影艺术体验中心同样有用于拍照的民国服装租赁服务。

西影电影圈子充分利用新媒体技术优势，形成了“线上媒体+线下场馆”联动发展模式，实现了资源的双向利用与优势互补，增强了园区与游客的互动。整个街区作为一个物理空间，为精神空间上的延伸提供载体。电影艺术体验中心是整个街区中的典型代表，因为其博物馆属性更接近人们对于“第三空间”的需要。博物馆是承载人类记忆的地方，馆藏的艺术品揭示了那个时代的文化背景和艺术发展水平，无形中就勾起了观者与前人穿越时空的对话。而电影博物馆更能引导观者进入艺术生产的后台，为观者提供生产方向的思考，博物馆本身作为“第三空间”也能够给公众带来丰富的文化体验。

随着时代变迁，当前的电影艺术体验中心开始在人们需求变化的同时，也改变以往单一的空间结构和展示形态，通过一流的设施、便捷的交通为参观者提供各种服务，让参观者尽情享受艺术的盛宴。但是，无论时代如何变化，充分挖掘藏品内涵，帮助参观者提升人文和艺术素养，依然是博物馆的核心功能所在。西影电影圈子园区中，除了西影电影艺术体验中心，还有餐厅、影院、书店、咖啡馆等场所，它们共同构成了一条文化休闲购物街。虽然这样会使人们想到共享空间的利益化，但是这些与博物馆连在一起，为参观者提供更全面的服务。这种将各种业态汇聚在博物馆所形成的空间，其实就是“第三空间”的某一形式，它借助活动室、咖啡馆、书店、信息咨询中心、坡道、休憩场所以及无障碍设施等物质空间，为参观者打造身体和灵魂的“第三空间”。这些物质空间的打造，是博物馆能够全面发展的基本前提。

电影作为互联网经济体系中的新型消费品，早已在公众心中彰显着自己的普世性和大众性，以电影为主题的博物馆乃至文化街区，更应该剥去精英化的外衣，成为大众的欣赏艺术、体验艺术。这种主题的物理空间的建造，与整个城市的建设相当紧密。对于主题文化街区的物理建造，应该以城市生活为出发点，将各种能满足人们需求的功能融于电影艺术体验中心之中，从而建立与城市生活的密切联系，使其成为城市空间系统、公共领域的重要节点，成为备受人们喜爱的“第三空间”。

三、电影博物馆的布局和视觉叙事

2007 年 8 月 24 日，国际博物馆协会在奥地利维也纳通过的《国际博物馆协会章程》将博物馆定义为：“博物馆是一个为社会及其发展服务的、向公众开放的非营利性常设机构，为教育、研究、欣赏的目的征集、保护、研究传播并展出人类及人类环境的物质及非物质遗产。”①由此可以看出，博物馆的基本功能有三个方面：获得、维护及展示艺术品，基本目标是教育及美学。简言之，展览、收藏与研究、公共教育构成博物馆的三种职能，在综合服务的同时也在传播一定程度的符号和文化，展示其背后暗含的力量。此外，在当代文化理论中，还将博物馆的主要功能视为是构筑一种具有超越时空意义的“记忆之场”，即通过各种媒介进行叙事，构建出特定的文化交流空间，也是意义生产与分享的空间。在此过程中，必须通过创造符号、使用符号、传承符号与发展符号等人类特有的建构与实践行为，在人类创造和积累资源的基础上来生产、表达、传输和分享意义。在博物馆这一特定空间内，意义的生产自然离不开符号的使用，同时也需要运用各种各样的符号进行意义传递，而意义传递最直接的方法是通过视觉向参观者进行叙事，即通过人们的视觉性来进行叙事活动。

1931 年，电影理论家巴拉孜首先提出“视觉文化”概念，将以电影为代表的文化形式归纳为新的“视觉文化”。随着社会媒介技术的进步和国内外学者的进一步研究，“视觉文化”不仅仅是对图像和文字等传统媒介的研究，也包括对数字媒介的研究。在各自领域内分析媒介影响力，或者将二者结合起来，采用多种媒介方式共同阐释视觉叙事的内核，其应用范围十分广泛，传播速度自然水涨船高。一般而言，视觉叙事主要包括两条路径：一条是纯粹的时间顺序，从事

①南希·艾因瑞恩胡弗. 美国艺术博物馆[M]. 金眉，译. 长沙：湖南美术出版社，2007.

物的起始状态到发展过程，直至最终结束；另一条是在新媒体技术影响下诞生的现代视觉叙事方式，主要以媒介技术为主线，将技术赋权之下的叙事方法重新编码，通过新兴技术的再次解码，最终展现在大众面前。西影电影博物馆将两条路径融合，每个区域采用合适的路径。总体来看，采取了现代性的叙事方式，从实物区到体验区，同时可以直观地看出媒介技术的发展。

（一）传统媒介的视觉叙事

这里的传统媒介主要指实物本身，以人体感官范围内所感受到的客观真实的实物自身来进行视觉叙事。博物馆的空间功能主要是收储、展示文物，向参观者叙事主要采用的是传统媒介方式，大部分以实物陈列为主，根据藏品的自身特性进行分类，采用合适的叙事线索，以达到最佳的视觉效果。其中，色彩是展览空间中非常重要的表现元素。实物本身的色彩影响着人们的视觉神经，合理选择色彩有一定的积极作用，能够吸引参观者的注意力，进而深入了解文化意义。但是，该模式也存在一定的弊端，如模式较为单一，提供信息有限，无法承载更厚重的文化价值。在西影电影博物馆中，从主题序厅开始到电影老爷车博物馆、电影胶片收藏馆、世界电影放映机收藏博物馆、西影厂史馆都是以传统媒介的视觉叙事为主的。

以主题序厅为例，是博物馆入口到正式展厅的一个空间，是参观者视觉接触的第一部分，需要具备一定的吸引力和引导力。西影电影博物馆的主题序厅展现了佐罗、魅影、兰陵王、马克西姆斯、比利、无鸾、小丑等 22 个国内外经典电影角色面具和传统文化面具，以致敬伟大的电影艺术成就。将这些面具悬挂在高空，既有空间装饰性，也使空间的格局得到有效的视觉划分，同时也增加了空间的趣味性。这些面具色彩鲜明，大小不一，极具个性，每个面具是一个符号，代表着不同的电影及其文化内涵。如无脸男面具出自日本动画大师宫崎骏的电影作品《千与千寻》，他的所指是现实中人们孤独与寂寞的心境；小丑是美国 DC

漫画旗下的超级反派，是危险可怕的人物，面具背后象征着我们内心的扭曲和罪恶，是恶的代表。这些面具本身有着人们“扮演”的动作，暗示参观者可以选择适合自己的面具，从而追寻自己的角色。通过22个实物面具的展示，我们可以联想到具体的电影，使观众一下子进入“看电影”的状态，这发挥了主题序厅的引导作用，同时可以取得较好的参观效果。

图6-1 主题序厅

一层有电影老爷车博物馆。汽车和电影承载了一个时代的记忆，两者的发展体现了时代的进步历程。古董级老爷车组团亮相，劳斯莱斯、红旗、福特、威利斯、华沙、吉姆演绎着不同的内涵。这里展现的各式老爷车，是《西安事变》等众多优秀影片的“参演者”，它们承载了当时的时代特性和文化价值。其中有一个军事电影展区，主要集中展示了《西安事变》《彭大将军》等电影使用过的服装、道具与军用装备，并且还原了当时的拍摄场景，配上军事音乐，以及军事背景墙，整体形象十分逼真。如展区里的默寇利参演了《西安事变》等影片，而且是杨虎城将军的专车。电影老爷车占据了一层展厅的三分之二，是西影厂的一个重要视觉叙述元素。可以通过这些汽车回顾当时电影中的情景，很多都是由西安电影制片厂制作的，反映出当时西影厂的繁荣。

图 6-2　电影老爷车博物馆

一层右厅是电影胶片收藏库。这里存放了西影厂建厂以来的电影胶片素材、拷贝和磁底等，也是胶片存储、保护、修复、调配及综合利用的专业库房。胶片是最能体现西影厂存在的实物载体，一个个胶片也是西影厂的一段段历史，这里胶片的数量之多，分类之广，体现了原来西影厂制作技术的成熟。现在，随着媒介技术的发展，胶片已经很少出现在大众眼前，而更多地成为一种历史符号，彰显历史的厚重感。这里通过展示胶片保存制度、胶片结构、胶片影像数字化等图像符号，反映了西影厂对胶片的重视，可以说没有胶片就没有西影厂。

图 6-3　胶片

三层是世界电影放映机收藏博物馆。这里采取了新媒介技术发展的叙事手法，呈现了电影放映设备从手摇到电动、从木质到金属、从无声到有声、从黑白到彩色的发展历程。这里拥有19世纪初期到20世纪70年代的300余台珍贵电影放映机，包括中国、英国、法国、德国、美国、日本等十几个国家的重要经典机型。放映机是电影的基础，没有放映机，电影难以到达观众眼前。每一个放映机实物，都展现了当时电影技术的发展。作为电影的最后输出过程，放映机的选择体现了当时人们的生活水平状况。目前，我们看电影的方式已经大大改变，放映机也成为我们的集体记忆。

图6-4　放映机

西影厂史馆是三层的重点区域。每个特定博物馆都有它的历史，博物馆本身也是讲述历史的载体。这里采用时间顺序，讲述西影厂的创业与改革之路，通过文字、图片、海报、奖杯以及影视资料等展示了“西影荣耀”“西影群星”“西影经典”“西影使命”四大主题。这里的图像采用的是静态，既有黑白照片，也有彩色照片。比如1985年拍摄的第一部武侠片《大刀王五》采用的是远景，黑白照片，具有一定的时代感。而1997年拍摄的爱情片《爱情麻辣烫》采用一男一女的彩色照片，这体现了时代的进步，女性地位的提高以及人们对性别议题的高度包容。电影及电影制作人员这些经典符号被称为西影电影博物馆的“明信片”，如电影《老井》《大话西游》《红高粱》和《美丽的大脚》等作品，摄影师顾长卫，美术曹久平，编剧芦苇，导演张艺谋、陈凯歌、田壮壮等。另外，奖杯这一符号体现了西影厂历年来取得的成就。1988年，影片《红高粱》一举夺得第38届柏林国际电影节金熊奖，中国电影第一次轰动了世界影坛。2002年，西影厂拍摄的《美丽的大脚》获金鸡奖最佳故事片等9项大奖，成为中国电影史上获奖最多的影片之一。这些著名的、经典的符号为博物馆赋予了不凡的价值。

图6-5　西影厂的创业之路

（二）融合媒介的视觉叙事

移动互联网和媒介技术的发展拓展了视觉叙事的媒介，使其变得多元化。除了传统的以实物和图像为主的方式，博物馆将物品数字化和智能化，增加了多媒体技术、人工智能、VR等视觉叙事方式。当今的博物馆采用多屏叙事，不仅可以线下真实触摸，也可以结合线上带来多元化的体验。传统的实物叙事没有融合媒介的视觉叙述的感染力和震撼力，博物馆文化意义的二次生产或创意性的结合转换需要新的视觉叙事的支撑。多种媒介技术的融合叙事为博物馆里的每一个藏品都增添了活力和生命力，使死物变“活”。并且，其中的媒介意义更容易传播给受众，提升受众的参观体验，并满足其审美需求。由于受众的文化水平有限，他们希望通过展品快速获取文化知识，完成从陌生到熟悉的过程，融合媒介能够满足他们的需求，让受众与展品产生共鸣。

融合媒介的视觉叙事具有以下特点：1. 动态为主，静态为辅。通过媒介赋予每一个实物生命力，让其在特定场域内具有话语权，从而彰显其自身历史符号建构的文化生命力。2. 重视细节。利用技术放大实物的特征，让受众看到与以往荧幕中不一样的东西，亲身感受不一样的魅力。3. 线上与线下结合。博物馆的空间是有限的，可以将博物馆无法传达的内容转移到线上，例如微信扫码听讲解，让参观者对博物馆进行留言评价等。4. IP 的开发利用。博物馆蕴含丰富的历史文化，同时也拥有优秀的 IP 资源，在为观众提供教育和娱乐体验的同时，也可以不断向观众讲述相关 IP 的视觉故事。5. 沉浸式体验。多种媒介技术的融合，可以让参观者置身于文物所处的环境，切身感受文物的成长。在西影电影博物馆中，二层的大话西游奇妙屋、电影制作技术科普体验区、电影服化道展示体验区和光影互动体验区就是以融合媒介的视觉叙事为主的。

大话西游奇妙屋是一个主要的视觉亮点，是一个 IP 沉浸式互动体验馆。以电影《大话西游》的经典场景为基础，打造了五岳山、客栈、盘丝洞、水帘洞、黑风岭、牛魔王山寨等互动体验区，并在里面设置了机关，增加了当下年轻人喜欢的鬼屋和密室逃脱等情景元素，有氛围感的背景音乐，丰富的道具，明确的故事情节，多种媒介的结合，让参观者与电影亲密接触，重温经典桥段，开启电影之旅，达到了沉浸式体验的效果。究其缘由是西影集团在整理素材库时发现了当年《大话西游》长达 10 小时的拍摄素材以及观众未见过的情节，因此萌发了充分挖掘经典 IP 的想法，并在 2017 年上映了《大话西游之大圣娶亲》加长纪念版。《大话西游》作为一个经典 IP 符号，具有一定的媒介意义。“至尊宝”和“紫霞仙子”象征着人们对美好爱情的向往。“月光宝盒”具有神奇的力量，可以使人穿越，这是一个神话符号，体现了人们对自身不能完成的愿望的幻想。西影厂借此 IP 唤醒了人们的集体记忆，增强了博物馆的吸引力。

图 6-6 《大话西游》场景

与此同类型的还有电影制作技术科普体验区。好的电影离不开制作技术的支撑，在电影制作技术科普体验区，人们可以更多地了解电影拍摄、后期制作等生产过程。电影制作技术科普体验区在还原真实工作场景的基础上，还增加了趣味性、互动性，让访客可以一一解密电影绿幕、威亚、拟音、配音、逐帧等常见的电影拍摄及制作手法。在配音室，你可以为喜欢的角色配音，用电脑机器操作，自主性强，里面的素材主要以国内外经典电影和动漫为主，分为男音和女音，可以二人对话。在拟音体验区，你可以了解各种电影中烘托剧情的声响的由来，如宝剑出鞘“噌”的声音，被打断骨头时的“咔嚓”声，或者大火熊熊燃烧的声音。这些声音不可能是真人提着录音机趴在道具或关节处录的，而是一群职业人员用简单的道具做出来的，这群职业人员有个专业的称呼叫拟音师。这个用道具做出来的声音就是拟音。参观者可以在这个区域用道具体会各种声音，如开门关门的“吱呀”声、皮毛扇动模仿风声、塑料板扇动模仿雷声，踩在不同材质的地板上模仿不同人或动物的走路声，还有啦啦操的手花摇动模仿下雨声等。在威亚区你可以体验在空中飞行的感觉，化身为演员，进行合理想象。参观者可以在逐帧区自行操作，在时间轴的每帧上绘制不同的内容，使其连续播放而变成动画，了解动图的产生原理。在整个体验区可以感受电影制作的过程。

电影服化道展示体验区也采用相同的叙事方式。我国素有“衣冠古国”的美誉，服装是文化的表征也是思想的凝聚，服饰文化沉淀着某个时期、某个民族的某种文化特征。历年来，服装不只是作为御寒之物，而且是等级高低、贫富差距的象征物。在电影服化道展示体验区，参观者不仅可以欣赏到精美的原版电影服饰，还可以自己动手穿戴服装道具。例如，在展区内，参观者可以体验《红高粱》中余占鳌和九儿的酿酒坊场景，体会不同电影的文化内涵。每一个服饰符号都体现了电影中人们的生活水平、经济发展状况。服饰的大小、款式、图案和色彩等视觉元素，叙述着不同的文化意义。这里展出有电影人物钱学森、蒋介石、宋美龄和孙旺泉等人在剧中穿过的服饰。

图 6-7 《西安事变》服装及道具

三层的光影互动体验区具有故事性、互动性、历史性等特点。可体验的幻盘、立体视镜、翻片机等早期电影设备，以及奇幻流水、神奇魔法墙、心动指数测试仪等光影娱乐互动设备，能让参观者了解电影的历史与知识。值得强调的是，体验区的叙事过程就是西影厂所有作品在荧幕上展现背后的创作过程。每一个演员的形象，每一帧画面的展示，包括每一个实物作为一个“演员”出现在当下的社会现实中，这种历史的沉淀在痕迹上的运用不仅勾勒了时空连接的记忆，还传播和扩散着所有集体记忆的力量。同时，这种叙事方式采用了多种方式，其最大的特点是把实物与身体融合，让自己的身体充当媒介符号的一部分，传达了不一样的媒介意义。

图 6-8　光影互动体验区

四、西影人精神空间的想象建构

西安电影制片厂60多年的历史在各种传播途径影响之下已经形成了一定场域内的符号表达体系，这种建构是以视觉传播为起点，通过影视作品的中介在荧幕与公众之间形成一种文化传播的塑造过程。在影视剧作的传播过程中，电影明星、制品宣传、电影公司以及观众等，都不同程度地对传播起到了作用，而这种历久弥新的积淀在作品中的承载和地理位置上的保留就是精神空间建构的基础。

西影厂是新中国在西北地区建立的第一个电影制片基地，也是中国西部电影的发源地，更创造了中国电影的西影时代，培育了大量电影人才。这种地理空间场域内的“圈层”具备一定程度的话语主动权，当然也拥有自身所特有的话语体系：它们通过电影人才的创作、资本的运作以及不同程度的宣传，让公众在视觉叙事中形成认同，最终成为自身独有的叙事方式并将品牌“符号化”。这些符号在发展和传播的过程中深化集体记忆，影视创作群体“感情记忆中一个最突出的象征符号”①也让公众自发形成一种影视叙事建构之下的自我建构，荧幕移动的符号变为现实的视觉转化，实现视觉传播。

以西影电影艺术体验中心和胶片电影工业馆为代表，两者对西影厂在精神层面的符号建构以历史脉络为主线，将西影厂的历史进行一定程度的层级建构。西影电影艺术体验中心是一个集电影收藏、研究、展览、教育、娱乐为一体的互动式体验场馆，它承载和体现了西影电影艺术精神，也为公众提供了近距离感受电影文化魅力的场所。这种原本建立在人人可触及的实物展示层面的文化符号，在如今的消费过程中不得不衍变为一种精神层面想象的文化空间。西影电影艺术体验中心的主题序厅中间错落垂悬22个艺术装置，是国内外经典电影以

①李红涛，黄顺铭. 记忆的纹理：媒介、创伤与南京大屠杀[M]. 北京：中国人民大学出版社，2017.

及传统文化中的面具造型。这些面具在视觉上带给所有公众的是视觉冲击，其本身也是传播的起始刺激端，加上面具这种源自古老民俗的文化符号，在电影中不仅代表角色，也代表着每一个通过电影人之手塑造出来的鲜活形象。因此，在现实空间展示中将文化符号代入想象的空间，在一定程度上就是一种精神文化作为符号的传承方式。

表 6－1 西影厂内部场馆门票及参观时间

场馆名称	门票价格	开放时间	备注
西影电影艺术体验中心	90 元	周一到周日 夏季 9:30－21:00 冬季 9:30－17:30	建议参观游览时间：2 个小时
胶片电影工业馆	30 元	周一到周五 9:30－21:00	

展馆通过线上预约售票和线下扫码购票两种方式将西影厂的历史进行实地转化，并形成一定空间场域内的视觉符号。同时，展馆将外围的公共空间人为分离，形成价值认同上的差异性，创造出“第三空间”视角中的想象空间。公众对于厂区的游览冲动最初来自于线上的活动，从想象走向现实，而线下“游客的空间体验主要来自于游览通道。此类基于城市旧街区的功能混杂型历史文化街区，运用空间句法模型时应区分游览、生活等不同功能的街道类型，使其空间特征研究更符合主体的游览体验，为街区空间优化提供科学基础”①。

西影厂在场内的星光大道两旁建立了原尺寸的全球主要的影视奖项模型，按照从高到低的顺序排列，让主体在林荫大道上从南到北由浅入深地体验，将视觉和体验感在品牌认同上双向结合。这一设置在本质上是荣誉的现实设置和展现，但是在更深层次，尤其是在精神层面上则是对于影视剧作“荣誉认同”背后

①马蓓蓓，江军，薛东前，等. 主客体融合视角下的历史文化街区空间特征——以西安书院门为例[J]. 陕西师范大学学报（自然科学版），2018，46(3)：102－109.

的文化符号进行重构，建立公众与影视文化奖项的深层次关联，从而让公众在精神层面通过视觉欣赏达到符号建构的效果。

五、作为实践空间的意义延伸

任何实践空间的想象都是建立在历史文化沉淀的基础上的，公众保留了一部分对于西影厂特殊的精神认同，很大程度上取决于西影厂在辉煌时代留下来的大批经典作品。西影厂 60 多年来出品故事片、科教片、纪录片、专题片近 300 部，生产电视剧 180 多部，共 2000 多集。这种数量上的积累在具体视觉表征层面就形成了一种品牌的认同，也就是说公众被西影厂作品耳濡目染地传播互联之后，让所有受众在意识中形成对品牌的追捧和信任，而保证质量的同时也提高了西影厂作品的传播速度和广度。

（一）体验者与技术结合造就的体验空间

空间场域的建构在某种意义上就是体验者在地理空间内充分展现自身主体性的建构。从普通游客到高校学生，从社会工作者到文艺事业工作者，从影视娱乐明星到现代传播技术赋权下的网络红人等，都是在这个空间场域中活动的主体。他们一边扮演着不同程度的参与体验者，一边感受着空间场域中技术赋能所带来的时代变化，而这种变化在视觉空间中就体现为公众对于阅读的重新认知。阅读的方式和形式在当下已经重构，在客体承载上被技术强行更新，最开始的纸媒现在已经成为新媒体、多媒体，甚至超媒体。在阅读内容上更是由单一变成多向，由融合走向渗透，认知程度也逐渐走向深入。而“万物互联互通时代阅读场景的构建，不仅要求内容与场景的适配，还要求表现形式与特定场景下的阅读需求相匹配”①。

---

①邓庄. 场景视阈下移动阅读 APP 的发展策略[J]. 出版发行研究，2018(10)：86 - 90.

西影厂内关于《大话西游》等影视作品的场景还原，电影老爷车博物馆的原版车辆与模型的展现等就是在阅读模式的参与性上进行体验的重构，在历史符号的建构过程中让所有主体亲身体验并感受，让一种宛如回到过去的历史体验感在技术的支持下成为可能，变成现实。

（二）互动性与亲近性的延展形成的公共空间

公共空间场域内的参与者与一般场域内的参与者不同，他们多数拥有公共的“共通性”，但是在主体体验对象的认知上存在本质差异。西影厂内的游览人群主要是附近居民、学生、影视创作者、爱好者、影视传播研究者、学者，以及空间商业资本的运作者和参与者，他们都是西影厂内生存方式背后的关联者。在文化认同和符号建构的基础上形成一种共通性，借助公共空间建立彼此之间的互动性和亲近性，因为这种能够达成共识的认知在某种意义上就是公共空间对于参与者的双向认可。

以西影厂内婚纱摄影工作室和摄影爱好者为例。其参与主体多数都是在地理空间内的认同之下选择个性自由的表现，在西影厂内找到适合自身的风格地域，进行一定程度的创作，将以“打卡签到”和“微信朋友圈”为代表的主体性展示在自由圈层进行视觉传播，形成线上的扩散力量。同时，也将线下的陌生群体吸引过来，通过“造势”的方式将主体的创作产品进行传播，自然形成一种场域参与后对西影厂的另一种“阅读”和“解读”。此时，陌生人和旁观者就转化成为与自己有很大关系的“读者”，将西影厂变成一种线上的文本、线下的空间读物，“读者从被动的接受者转为积极的参与者，从而进一步成为虚拟场景的创造者”①。

这种原本具有不确定性、可变性和客观性的空间场域就成为任何主体都可以

①邓香莲，刘佳卓．一把打开深阅读的钥匙：基于场景的沉浸式阅读——以互动解谜游戏书的沉浸式阅读体验建构为例[J]．出版广角，2021(5)：18－21．

参与和亲近的客体，而每一位参观者都能以自己的方式进行创作、传播和扩散。

（三）文化价值与社会价值融合生成的文化空间

地理空间在一定程度上是人为建构下空间话语体系的表征，而文化空间则是在地理空间基础上进行文化符号重构的新形式，两者借助一个共同的主体将所有客体运用一定的方式进行重构，就建立形成了一种新的文化空间。西影厂充分利用历史痕迹保留下来的空间场域，经过新时代背景下的重新建构，在各个方面对地理空间中的现实实物进行重新定义，将所有目之所见的历史产物“符号化”“标签化”，甚至将文化意义重新赋予其中，将特定的文化符号重新包装，并赋予社会价值，供民众参观和消费。

商业资本的入驻和新的运作方式，让这个原本单一的文化空间变成具备一定社会价值的商业载体服务于大众，这本质上从视觉欣赏变成了文化消费，将商业价值进行变相更新，在一定程度上为社会公众提供了一种新型的消费空间。西影厂内的长安荟，作为一家私募企业联合创办和经营的餐厅，以西影厂为主要地理载体，将陕菜进行一定程度的加工经营，并深度结合新的元素，把日料和中餐相结合，融入陕西特色的地域风格，展示在公众面前的是一家高端有格调、时尚有品位的中餐、日料相结合的餐厅。西影厂内的咖啡厅、工作室等，在资本运作过程中充分结合并融入地理空间背后的文化符号，将其转化成消费的“噱头”和“资本”，为公众找到了一个与历史相互勾连的中介，至少在影视文化方面是这样的。在进行文化符号传播的同时，也在尝试甚至实现着“变现”的作用，让社会价值在文化价值升级的同时更能服务于公众和社会。

六、结　语

城市空间场域内部的基础设施在一定规范下的组合形式让整体资源得以充分利用，关乎政治、经济、文化等各个层面，将公众生活的各个领域相互连接，利用技术作为中间媒介在群体中传播。西影厂和众多屹立在城市中的文化街区一样，在公众生活中发挥着消费、休闲娱乐、文化欣赏等多种功能。在影视作品创作的基础上，将群体记忆在现代技术的建构下形成“赋权”之后的“赋能”，在新的传播业态中发挥新的传播力量，充分激活西影厂的“文化标签”，体现出一定程度的文化价值和社会价值。

第七章　“潮”出“竞”界：量子晨潮流街区及其空间符号解读

在上点儿年纪的西安人的零食记忆里，太阳牌锅巴几乎与如今的“三秦套餐”一样有名。“不尝不知道，一尝忘不掉”的声音也每天出现在电视里。就这样，太阳牌锅巴不仅征服了西安人的胃，也逐渐走向全国各地，成为当时许多人童年的美味记忆。

太阳牌锅巴的生产销售商是西安太阳食品集团公司，是一家集研发、制造、营销于一体的现代化国有独资食品生产企业，隶属于西安工业投资集团有限公司。该公司位于秦岭南麓浐河生态园，北倚西安国家航天工业基地，地理位置得天独厚。太阳锅巴厂生产的“阳光、绿色、健康”休闲食品有近100个品种，包括太阳锅巴系列、阿香婆锅巴系列、阿香婆香辣牛肉酱系列、阿香婆红油香辣牛肉酱系列、阿香婆粉状调料系列、阿香婆拌面酱系列等。但是，在激烈的市场竞争过程中，该公司出现了产品过剩、品牌竞争、劣质产品围堵等种种问题，一时风头无限的太阳牌锅巴也渐渐从人们的记忆中退场。不仅如此，太阳锅巴厂也似乎从地理空间上消失了。

一、老旧厂房重换新貌

始建于1990年的太阳锅巴厂至今已有30多年的悠久历史。太阳锅巴厂的旧厂房，位于现在曲江路和西影路十字西南角，于20世纪70年代建成，仅机修厂房就有1200平方米。在旧厂址附近，还有太阳锅巴厂的家属区。2010年，食品厂整体搬迁，留下了年久失修的旧厂房。老厂房外墙老化破损严重，既存在安全隐患，也与逐渐繁华的城市格格不入，甚至影响了周围街景的整体面貌。2017年，在曲江新区管委会的安排部署下，曲江置业会同工业资产公司、城管执法局制定《机修厂房拆除方案》《安全专项方案》《治污减霾方案》等三项计划，安排专人在短时间内安全、科学、平稳地完成机修厂房的拆除和场地清理工作。在拆除老旧厂房的同时，太阳锅巴厂的标志性建筑——水塔和烟囱却被保留了下来，也算是为那个逝去的辉煌时代留下了一点儿印记。2020年7月10日，在原太阳锅巴厂旧址上建成的西安量子晨街区在人们的期待中亮相。街区聚合了潮玩运动、时尚餐饮、休闲购物、国际电音、前沿电竞、联合办公等多个功能分区，成为新一代年轻人汇入潮流的文化接口。

量子晨潮流文化街区的功能主要包括美食、电竞、电音、潮流四大主题。其中美食部分既有可供堂食的小店，也有外带式的小窗口，既有需要精烹的大餐，也有提前做好的快餐小吃，充分满足年轻人的多种餐饮需求。量子晨街区内还有一家叫“太阳食品”的小店，门头的标志仍旧是之前太阳牌锅巴的标志。小店里有各种口味、各种包装的太阳牌锅巴，充满浓浓的怀旧气息。除了美食之外，“和平精英职业联赛”（PEL）也将比赛场馆建在此街区，不少热爱电子竞技的年轻人聚集在一起，让街区有了更多潮流与激情的元素。在PEL场馆旁边，有星球工厂、山海CLUB等，还会不定期举行小型音乐会，邀请人气歌手、乐队演出，吸引了大批热爱电竞和音乐的年轻人。吃喝玩乐之外，街区的酒店、健身中心、电子潮品数码等主打品牌，也尽显潮流生活态度。量子产业集团西安量子晨项目副总经理党星介绍说：“量子晨街区里引进了很多品牌。如西北唯一的一家理想汽车城市体验店，首进陕西的地道重庆网红火锅欢喜记等。还有更多首店和独家品牌，大家可以来量子晨慢慢发掘。”这些不被定义、不贴标签、不设界的潮流生活及其态度似乎正在诠释着“不设界，活出趣”的街区口号。

二、作为公共空间的文化街区及其功能构建

21 世纪以来，我国城市的快速扩张和产业升级迫使一些工业企业外迁，在原址遗留了大量空置的“封闭工厂”①，太阳锅巴厂及其集群就是产业转型时的剩余产品。在其厂址旧地的基础上进行厂区功能和空间转型改造，既是在瞬息万变的城市发展环境中进行城市更新的新举措，也是强化西安本地文化认同的潜在手段。

（一）从封闭到开放的实体空间

关于实体空间的概念讨论由来已久。古希腊思想家亚里士多德从物质实体和物体关系的角度揭示了空间的状态，认为空间是物质的连续体，由相互接触的物体的空间关系所构成。现代学者在批判地继承前人理论的基础上认为，实体空间是指作为客观实在的物质的有形实体的广延状态与伸张状态。② 换言之，任何物质都有其自身的形态，都有一定的长、宽、高作为支撑其形态存在的基本变量。实体空间是物质本身固有的存在方式，是客观存在的一种普遍的空间状态。因此，在实体空间中存在的特定物体都有以下特征：一是具有一定的外部形态，是特定物体的实体部分和基本存在方式，具有形态性、实体性、直观性，

---

①于立晗，刘键. 从“社区封闭工厂”到“开放式街区”——以深圳“福海思库”城市更新为例[J]. 艺术教育，2019(2)：222－224.

②王逊. 实体空间和关系空间[J]. 怀化师专学报，1991，10(6)：44－49.

能被主体直观地把握；二是物质的实体空间复杂多样，是多样性的统一集合体；三是实体空间具有自身的结构和层次，即如同树木枝叶一般分为主体结构和次要分属结构；四是实体空间有内外之别，即不仅要有内部的容积、要素、层次结构，还要有外部的规模大小、宽窄范围、面貌的光滑起伏、外部长宽高等外在形态；五是实体空间是特定事物与其他事物并存又区分的存在区间，并为该物所独有。以此五点来观测西安量子晨潮流文化街区，即可辨识其作为实体空间的大致情形：街区位于曲江路与西影路交界处，整体占地面积3.9万平方米，由7栋地面建筑、3个文化广场、3面围墙、1座烟囱、1座水塔组成。其中VSPN电竞馆和“空投”文化广场最为明显，爱好潮酷休闲和电竞赛事的人们走到这里时都会驻足、参观和拍照。街区景观以7栋建筑为主体，其中4个保留建筑是太阳锅巴厂旧址的厂房改造后重新整修而成，另有两座新的建筑作为“新鲜血液”注入这片老厂区焕发活力，分别是VSPN电竞馆、共享办公基地，大部分是3至4层的框架结构。7栋主体建筑之间穿插着集装箱品牌快闪店、量子宇宙拍照打卡专区、潮流玩物市集、滑板广场等场所。量子晨街区内最大的建筑VSPN电竞馆，主打前沿电竞产业运营，馆内又分为比赛区域、观赛区域、拍照区域、留言区域、休闲区域等多种功能场地。此街区作为一个整体的实体空间是由不同层次、方面、部分组成的系统，具有系统性。另外，街区以三面围墙与西侧、南侧、东侧的太阳食品集团家属院和现有住宅隔开，北侧临靠曲江路向市民开放，三条主动游览路线形成喇叭式的主入口。从实体空间应具有的五个方面来观测与度量量子晨潮流文化街区之后，就可得出它已成为开放的、独特的，以电竞与潮流为定位的多功能文化街区。

凯文·林奇在概括城市意象及其元素时认为，从总体来说，区域会有各种各样的边界，其中一些严格、明确而具体。[①] 就太阳锅巴厂而言，其本身是一座

---

①凯文·林奇.城市意象[M].方益萍,何晓军,译.北京:华夏出版社,2001:47－55.

食品工厂，是生产销售食品的场所。由于食品类工厂对生产环境有较高的要求，以及企业管控严格，除非有特定活动，一般不对外开放，与外部区域有明显的边界。如在物理空间上，其生产车间的厂房式建筑、划分厂区和外部区域的围墙、水塔、烟囱，使所有人都清楚地看出它的确切位置。这些建筑区划元素所共同发挥的作用就增强了其作为"封闭"的区域与主题单元相匹配的特性。而另一些边界可能模糊不确定，如在厂房内部的通道和功能分区，多数人无法明确划分其位置和边界线。一个从生产食品的厂区摇身变成开放的潮流时尚文化街区，不仅区域的功能定位发生了彻底改变，其建筑风格、开放程度、文化表达等诸多方面也都有了质的变化。现在的量子晨街区具有公共属性，任何来到这里的游客、居民、市民都可以自由随意地进出这一区域，并在区域内自由活动。厂区由原来的食品生产和加工工厂，转变为集娱乐、购物、休闲、饮食、游览、集会等多种功能于一体的市民日常活动和休闲游览的公共空间。这正如斯蒂芬·卡尔所描述的"开放的、公共的、可以进入的个人或群体活动的空间"①。在此公共空间内，没有性别、种族、民族、年龄和社会经济水平的限制或区别对待，它已具有可达性、连续性、可识性、多样性等特征，并作为一个实体空间发挥出作为城市公共空间的作用，其社会文化价值也凸显了出来。

（二）聚合型内嵌式的实用空间

量子晨街区融合了潮玩运动、时尚餐饮、休闲购物、国际电音、前沿电竞、联合办公等多元业态，成为一个以"电竞＋潮流"为主题特色的商业文化街区。这些活动项目以商业或非商业店铺的形式内嵌于7栋主体建筑之内并对外营业，已经形成聚合型内嵌式的一个实用空间，并且以"生来不设界"的精神理念，追

---

①斯蒂芬·卡尔.公共空间[M].冯江，译.南京：江苏科技出版社.2005：11.

求多元开放，以“不设界，活出趣”的文化氛围吸引与包容着每一个到这里的人。

首先，它具有以商店售卖为代表的消费功能。街区正门右侧最大的建筑是一栋名为“耐斯街区”的五层透明玻璃建筑，“耐斯”音译自英文中的“nice”。底层商铺主打潮牌服饰专卖，如耐克、斯凯奇、STA 等；二层是 Dance Block 街舞工作室，三间教室分别根据年龄和学习进度开设不同的街舞课程，教室内有动感的音乐和变幻的灯光，创造街舞“潮酷”氛围；三层的奕美医疗美容和四、五层的 THREE IN ONE 健身美学共同推崇变美、变瘦的理念，整体建筑用于构建新的潮流趋势和定位。此外，街区内大部分店铺都是时尚、餐饮相关。饮食的类型也比较丰富，如鸟魁日本料理、京福源老北京铜锅涮肉、欢喜记重庆火锅、春山里韩式烤肉、MOC HOUSE 乐高主题餐吧、探堂陕菜等，以多样化的风格满足不同消费者的多种饮食需求。游览通道两侧的商家主要以快餐、零食铺为主，以简单便捷、边逛边吃为特点，如 Polaberry 甜品店、1 點點奶茶、良品铺子、珍螺螺蛳粉、初山饭团等，前来游览的市民跟随“嗨街”“正街”“南街”三条通道的指引，可以边走边消费，省时又方便。

其次，它具有以电竞潮流为特色的社交功能。在《美国大城市的死与生》一书中，简·雅各布斯在阐述公共空间对于人们展开社会活动和交往的重要意义时认为，公共空间的价值在于能够促进城市中不同社会阶层或团体的人们进行交流和融合。① 量子晨街区以“电竞＋潮流”文化为街区文化风格定位，并设立“不设界，活出趣”的精神理念，在为街区注入更多文化元素的同时也成为当代青年的精神堡垒。无论是电竞还是娱乐，“不被定义，不贴标签，不设界”的文化氛围，吸引着新一代西安或其他地区的年轻人。街区内主题明确且风格独特。研究者的问卷调查数据显示，65% 前来游览的市民是电竞、潮玩爱好者，大多数是

①简·雅各布斯. 美国大城市的死与生[M]. 金衡山，译. 南京：译林出版社，2005：30.

专门来观赛或打卡；15% 的人是到“山海 CLUB”酒吧、“星球工厂”LIVE HOUSE、“ZOU ZHE”啤酒吧、“K – GUAN”KTV 休闲放松或社交；另外 20% 的人是到餐饮区、咖啡厅、书店休憩或用餐。从访客年龄来看，92% 是 18~30 岁的年轻人，其中 20~25 这个岁年龄段的游客最多。可见量子晨街区是以年轻人为主，尤其是热爱电竞、潮酷文化的年轻人。在这个空间中，有着相同爱好的年轻人可以找到志同道合的朋友，观看电竞比赛、LIVE HOUSE 摇滚演唱会现场、文身店、电子烟体验店等多个场景，可以充分发挥社交功能，以增强面对面社交的在场感和认同感。街区里的多样化活动不仅为年轻人提供了休闲娱乐的场所，更为社交媒体时代下渴望心灵沟通的年轻人提供了与志同道合的伙伴交流和互动的地方，多种类型的传播与社会交往交织在一起，使此街区作为一种空间媒介构建了人与人、人与社会新的交往模式与关系。

再其次，它具有以广场为媒介的文化展示功能。量子晨街区内设置了多个小型文化广场，根据不同的主题设定装修风格，场地开阔且允许市民自由出入，这些文化广场已经成为电竞、潮酷爱好者和周边市民的休闲地点，承担了公共娱乐的功能。例如，街区主入口处设置有滑板广场，是专门为爱好滑板的年轻人开辟的一片下沉广场，不远处还有赛福滑板专卖店，提供滑板和护具等产品。滑板广场中间部分做了地面倾斜处理以及起跳板设置，两侧灌木丛和围栏形成区域边界，每天傍晚或者周末这里聚集着许多喜爱滑板运动的年轻人切磋技术，此街区已经成为滑板爱好者们心中的标志性地点。沿着游览通道“正街”的指引方向，有三个拍照打卡的小型广场，分别是“光合星球”绿色植物广场、“架子鼓”广场、“大吉大利 今晚吃鸡”水塔拍照广场，喜欢自拍和摄影的年轻人可以在这些场景中与道具进行互动拍照。不仅如此，街区广场中随处可见的一些“文化图腾柱”“雕刻镂空球体”等设计以及周围墙壁、树木挂灯等细节也彰显了量子晨街区“潮流、创新、跨界”的理念。

图 7-1 量子晨主入口处滑板广场

最后，它具有频繁且有效地开展商业活动的功能。量子晨街区内外人流密集，消费、休闲、娱乐等需求多样化，商业活动便尽择天时地利。街区建成不久，在“嗨街”入口处文化广场就设置了黑凤梨集市，每周六、周日及各大节假日，这里都会摆放木质摊车、木制桌椅、氛围照明灯，供前来游览的市民自由交易。与商店中售卖的物品不同，集市中的商品多是卖家的原创品牌、手工制作、手作轻食、中古饰品，产品更具独创性，商品交易更自由，线下文化市集更能让买卖双方愉快地沟通交流。另外街区内还会不定期举办车友会、骑士复古文化节、不太乖玩趣主义生活节、街舞联赛、街头演唱会等各种有趣的活动，吸引更多热爱潮酷的年轻人参加，切实体验量子晨街区独有的潮流文化。

空间感是一种强烈的，通常是积极地将我们与世界联系起来的能力①。这也说明人们关于量子晨的认知首先是由一些相关的概念构成，例如广场、街区等，它们涉及具体的地方以及彼此作用形成的景观，能够提供社会建构、文化记忆与价值认同的地方。量子晨街区通过举办各种潮流、玩趣活动，形成独特的场域和文化凝聚力。在活动过程中，聚集在一起的年轻人就是一个群体，由于共同的兴趣爱好聚集于此，这一群体的凝聚力和归属感也由此增强。

---

①苏珊·汉森.改变世界的十人地理思想[M].肖平,王方雄,李平,译.北京:商务印书馆,2009:244.

表 7－1 量子晨街区代表性文化活动一览表

活动类型	活动方式	代表性活动
主题拍照打卡	参与者可以在限定场地内与道具互动、拍照并在社交媒体中发布以换取纪念品和游戏体验资格	“雀有其室”潮酷麻将空间 FUN PLACE 不可抗力研究中心 “大吉大利 今晚吃鸡”全民空投 STAer 潮拍特别企划
主题派对趣味展	参与者可以在派对场馆内打卡、许愿、收集通关印章、到小酒馆观看限定节日演唱会	2021 心愿季 7 喜圣诞派对 首届打工人摸鱼节 量子宇宙不太乖玩趣主义生活节 量子宇宙吃喝玩乐大会
集市	集市一般设在周六日或节假日，参与者可以自由选择摊位售卖手作物品或原创品牌	黑凤梨集市

续表

活动类型	活动方式	代表性活动
游乐场	在场地内设置有趣的热身比拼、干饭人游牧店、无厘头运动会、有名堂派对、现场乐队、掰扯掰扯脱口秀、有名堂轻音乐等多个项目，供参与者自行选择参与	有趣人类游乐场
新店开业限量发售	针对街区内特色商家新店开业策划现场售卖、个别潮牌联名款限量发售等活动	STA 偷心大作战 STAHOOD 新店开业
骑行挑战赛	参与者自备用品和载具，在限定场地内进行项目挑战赛，获得名次的选手获得职业比赛报名资格和纪念奖品	西安儿童平衡车小勇士挑战赛 复古 DGR 绅士骑行
街舞比赛 滑板比赛	在街区主入口处滑板广场内进行，给热爱街舞、滑板的青少年提供展示的舞台	西安街舞高校联赛 WILD IN XI'AN 世界滑板日

（三）建构了可表达的景观空间

克利夫·芒福汀在《街道与广场》一书中提到，"开放式街区"的设计理念强调城市邻里的混杂性和多样性，强调建筑的生长、转化与消亡所带来的可能性，它是当代城市活力的标志。① 原太阳锅巴厂中封闭、单一的工业园区空间及功能否定了园区的城市性特征，改造后的量子晨街区已转化为城市的一个有机组成部分，即不是独立于城市空间和城市交通，而是将城市视为载体，强化了街区与城市之间的联系，并以实现二者功能的互补来激发城市活力。由于太阳锅巴厂原有的建筑分散、片断化，缺少和周围建筑的有机联系，这个区域逐渐成为城市中被遗忘的角落。旧厂址被VSPN量子电竞收购后，设计者为了让这片区域更好地和周围的环境融合，打造了多个广场作为城市节点，通过新布局的轴线将人流从城市界面导入到项目深处，并把分散的建筑连接一体。设计者围绕水塔和烟囱这两个关键的象征元素重新布局中心广场，将隐藏的旧工厂记忆带到人们面前，并以中央广场作为核心，通过引入新的规划轴线整合散落的建筑，且与主要道路形成连接。这样，不仅增加了街区的穿透度，还方便行人了解、体验街区，而且开辟了视觉走廊，增加了公共参与的可能性，打造出更适合街区定位和发展的面向未来的城市景观。

斯蒂芬·卡尔在《公共空间》一书中将公共空间的可达性概括为三个层次：实体可达性，即空间方便人进入；视觉可达性，即空间在视觉上能被感受并具有吸引力；象征意义的可达性，即空间对观察者产生空间含义上的吸引力。量子晨街区首先是一个具有物理属性的实体空间，但是当这种物理空间开始承载精神、表达意义时，它的物理属性逐渐弱化，更重要的是它作为社会和精神空间所具有的隐喻属性，承载着文化价值和象征意义。街区中的主体建筑如广场、烟囱、水塔等实体与进入街区中的人们产生精神层面的联系与互动，并构建起量子

---

①克利夫·芒福汀. 街道与广场[M]. 张永刚，陆卫东，译. 北京：中国建筑工业出版社，2007：97－100.

晨街区的整体意象与表达，形成客观空间与精神空间的集合体。

量子晨街区是可表达性的景观空间，街区内整体布局风格突破了传统建筑，独具一格，用玻璃走廊穿插在中央五栋主体建筑之间，增加连续性和整体性。主体建筑之间分散着多个主题文化广场，整体街区“潮流、电竞”的风格与各个广场风格融合贯穿。

根据媒介与人的关系可以将街区中的实体划分为物质型媒介和体验型媒介。物质型媒介是指具有吸引力但不需要人直接参与的媒介，例如水塔广场在保留下来的锅巴厂“遗貌”工业风格基础上用“喇叭、空投物资、平底锅、摩托车”等样式的防水贴纸和以黄色灯光为主的变幻灯带在水塔支柱、底部布置“大吉大利，今晚吃鸡”的个性化场景，与游戏“和平精英”里“海岛地图”中的场景符号相契合。体验型媒介是指受众需要依靠参与行为才能理解其意义的媒介，需要人与环境积极互动、参与其中，才能感受到媒介传递的信息。水塔不远处专门开设了一片区域，摆放黄色的油漆桶、红蓝相间的空投物资盒、军绿色的救援物资和盾牌等带有明显游戏特征的模拟道具，打造线下游戏“和平精英”里“全民空投”的场景，人们通过与道具进行互动可以体验到游戏“和平精英”中的“竞争、勇士”等所传递的意义和信息。

“BOX π”集装箱街区是一片独具特色的文化景观。景观设施对轻便性、可移动性要求较高，而集装箱具有模块化、可移动、多变的组合方式等特点①，外表颜色明亮丰富，还可以喷涂 Logo 或标语，恰好能满足文化街区的景观需求，可以营造丰富的景观效果。潮趣的设计元素在锅巴厂原有的“工业建筑”风格上加入了现代化的生活方式，为前来游览和消费的中高端消费者提供更加潮流摩登的沉浸式体验。量子晨街区中央文化广场布局着多种颜色和组合的集装箱，充分利用集装箱内部空间，开设电子烟体验店、潮品店、文身店、设计师集合店等商家；表面的符号 Logo 和标语用于广告宣传和营造潮流、酷炫的氛围。

---

①罗向兼. 集装箱在景观设计中的改造利用[J]. 美与时代(城市版),2015(6):43-44.

图 7-2 量子晨街区集装箱品牌快闪店

我国研究者孙玮提出，当前在传播学研究领域对空间维度的缺乏表现在普遍地将实体空间排除在“媒介”之外，对于“空间”概念的理解，越来越多地局限于非实体媒介构筑的“虚拟空间”①。而实际上，实体空间的特定场景，不仅能够给人们提供公共交往的平台，而且构筑了城市居民的集体记忆和地方感。这种嵌入日常生活场景的实体媒介，对于城市生活有着不可替代的重要意义，甚至在当今的建筑学界有“建筑就是媒介”的说法，城市即“建筑作为大众传播”的现实场景。在这一视角下，量子晨文化街区作为一个实体空间，是哈贝马斯认为的“物质”的“公共领域”，同时又具有社会空间的意义，它集交流信息、表达意见、休闲娱乐、公共表演等各种社会交往于一体。其中的各种传播形态与媒介彼此交融，提供了城市里的陌生人成为桑内特所说的“公共人”的可能，因此是“社会和公共生活”的灵魂。②

（四）新媒体镜像中的延伸空间

量子晨文化街区的空间建构和意义表达不仅依靠自身，还有大众媒体通过不

①孙玮. 作为媒介的城市：传播意义再阐释[J]. 新闻大学，2012(2)：41－47.

②王笛. 茶馆：成都的公共社会和微观世界：1900－1950[M]. 北京：社会科学文献出版社，2010：22.

同平台的传播，来共同构建这一城市文化空间，尤其是新媒体对于量子晨街区的意义赋予和文化表达值得关注。量子晨在城市文化空间营造与意义再生产的过程中，主要依靠微博、微信公众号以及以短视频为主的B站、抖音等媒体平台进行传播。传播内容主要以量子晨的街区功能讲解、VSPN电竞赛事转播及自媒体用户的个人体验为主，通过文字、图片、声音、短视频等多种形式对量子晨进行全方位、多角度的呈现。

量子晨文化街区拥有自己的官方微信公众号和微博，在报道过程中致力于呈现量子晨街区在新媒体中的镜像，构建“潮流、玩趣”意象的空间，比如从《WILD IN XI'AN|Hey～酷盖！世界滑板日来场炫酷slay》《@所有西安复古骑士|这个周末来一场复古DGR绅士骑行》《火力全开|量子宇宙吃喝玩乐大会来了，嗨翻这个周末》等标题中就可以看出量子晨街区对受众群体的定位，以及街区的功能构建。量子晨官方微信公众号名为“西安量子晨”，有60余篇优质原创内容，根据不同类别划分为“量子动态”“美食位面”“电竞位面”“电音位面”“潮流位面”五个分区，统一在“量子宇宙”板块内。“量子动态”主推量子晨街区内的大型活动和最新动态。“美食位面”介绍街区内的餐饮类商家和美食类广告活动宣传；“电竞位面”更新“和平精英”赛事活动和赛程详解；“电音位面”以街区内“山海CLUB”酒吧和“星球工厂”LIVE HOUSE作为立足点，放送演出预告和节日派对宣传；“潮流位面”综合“吃喝玩乐购”多个方面进行“安利”，发布街区内商家的最新活动，内容风格以胶片风、港风为主。官方微博同样名为“西安量子晨”，截至2021年7月，已有884条微博、2936个粉丝，有“STAGROUP偷心集团”“和平精英职业联赛”两个超级话题，累计2.3万帖子，两万多粉丝。除量子晨官方媒体之外，还有西安本地的其他媒体也对量子晨进行宣传。

表 7－2　部分关于量子晨街区的报道

日期	新闻标题	新闻来源	内容摘要
2017.8.13	西安量子晨即将亮相！一波细节图曝光	曲江新区微信公众号	电竞对西安人来说不是一个陌生的词汇，2017 年 11 月西安召开“2017 电竞峰会”，2019 年 7 月 WCG 赛事在西安重启。随着“电竞”被正名，它也逐渐成为中国年轻一代不可或缺的社交方式，量子晨将老工业区转化成为一个活力、公共、开放、有凝聚力的新兴产业聚集地，一直以来备受期待。
2020.5.15	西安量子晨用不设界的精神打造新一代商业体概念	腾讯网	“西安量子晨数字娱乐双创产业园”项目以电竞及电音作为双核驱动力，涵盖数字娱乐、联合办公及全方位潮流体验配套，致力打造新一代娱乐综合商业街区，预计每年将带来超过百场顶级电竞赛事，极大开拓西安电竞市场、辐射西北地区。项目主营业态包括热血电竞、震撼电音、腔调酒店、世界美食、潮品购物、音乐现场、联合办公等。

续表

日期	新闻标题	新闻来源	内容摘要
2020.7.13	量子晨来了！“不设界　活出趣”的曲江创意潮流街区	曲江新区微信公众号	青春街区，潮品荟萃！已盛大开业的西安量子晨用现代化的技术、创意和设计，让曲江新区的工业文化遗产与产业更新、潮流文化、电竞产业交流碰撞，迸发出不拘一格的灵感火花。无论你是聚会玩家、派对达人、社群领袖，还是电竞玩家、文艺青年、社交大咖，在“生来不设界”的西安量子晨，都有你尽情释放的一隅天地。
2020.8.2	西安量子晨，让记忆重塑，让生活更出趣！	西安 YOUNG 微信公众号	曾创造全国锅巴零食巅峰的太阳锅巴厂，如今已变换新颜，注入时代的活力与互联网的电竞精神，让旧厂区重获城市生命力。土地之上的情感依旧温暖着周边的人们，建筑商业的精神带动让人们更懂生活的真，这大概就是我所感受到的西安量子晨商业街区的情感记忆。
2021.6.20	黄金唱段，这里 rapper 说了算！	西安量子晨官方微博	本周末在西安量子晨“星球工厂”LIVE HOUSE 举办巡回演唱会，回归音乐初心！

通过浏览媒体对量子晨的报道可以得出一个结论：不管是官方微信、微博还是其他媒体平台的报道，内容主要都以图片和短视频的方式呈现，这也从侧面印证了"视觉媒体"时代的来临，这种短、平、快的阅读方式更容易理解、更适合分享，在海量信息不断更迭的网络空间更能吸引受众眼球，更大程度地抓住需要强烈感官刺激的受众。

诚然，新媒体对于量子晨街区形象的塑造和呈现一定程度上再现了街区的景观和电竞赛事的现场，但也进一步异化了这个正在孕育中的潮流街区。媒体对于量子晨街区的内容呈现多半是发布者经过精心剪辑、拍摄的，是具有人为主观色彩的。李普曼在《公众舆论》中提出"拟态环境"，认为媒介通过过滤、选择和加工信息并以结构化的形式构成一个区别于客观世界的新的世界。① 从这个角度看，新媒体在一定程度上"异化"了量子晨街区的原貌。传播者往往选取赛事中令人震撼的宏大场面，街区中独具特色的一隅，忽略或避免呈现未装修好的店铺及"不那么上镜"的街区景观，甚至将个别场景"精心布置"和美化之后发布到社交媒体上。这种情况下呈现出来的是碎片化的、片面的视觉信息，是对客观环境形象的再构建，已经偏离了客观环境本身。加之自媒体平台发布的信息往往是传播者自身以个人体验为主的赛事、美食、娱乐活动的图文、视频、心得，更加侧重表达个人的心情，因此与其说传递的是信息，不如说传递的是情绪。尤其是对电竞赛事现场的内容传播，解说员情绪激昂、观众欢呼呐喊的氛围构建了平面的"全民狂欢"幻象。

量子晨是一个开放式的立体文化空间，"酷玩""嗨吃""炫目""高能""遐想""非凡"等潮流风格构造、搭配出西安量子晨风格多变的空间美学。"不设界，活出趣"的街区氛围更是使得量子晨街区一"跨"出界。因此，新媒体对于量子晨街区的镜像呈现不应只停留在对"潮流、酷炫、精致"内容的刻画，而应当更加客观全面地解读这个正在孕育发展的文化街区。

---

①沃尔特·李普曼. 公众舆论[M]. 阎克文，江红，译. 上海：上海人民出版社，2002：39－45.

三、量子晨空间的符号表达

当今社会早已步入了鲍德里亚认为的消费社会，其中占据重要地位的便是精神层面的消费，即对于符号的消费。现代语言学的开山鼻祖索绪尔认为，任何符号的价值不取决于自身，而是取决于它与其他符号的关系，取决于它在整个符号系统中的位置。在他的语言学观念中，符号关系可以分为组合和聚合两种类型，组合关系中的符号处于一个线性的、横向的序列中，符号与其他符号一个挨着一个通过组合关系排列在言语的链条上，构成一定的句段，表达一定的意义。聚合关系，也称联想关系，是符号纵向的选择关系。众多具有共同特征的语言符号聚合在人们的记忆中。在实际言语实践中，这些具有共同特征的语言符号可以供言语者选择来表达相同或相似的意义。

量子晨文化街区作为西安潮流文化和时尚元素的聚集地，符号的集合与表达，既是街区吸引人群聚集的显著标识，更是凝聚整个街区的灵魂。凯文·林奇在《城市意象》一书中提到："环境意象是观察者与所处环境双向作用的结果。"①一个环境中所包含的信息远比人们可闻可见的要多，因为人们赋予的意义的符号才得以表达，而人们也通过解读这个符号意义而形成对特定物品、区域乃至城市的认知和印象。量子晨文化街区以自身为载体，将潮流文化、电竞文化与时尚生活方式结合在一起展示出来。

（一）"传统"与"现代"符号的碰撞

量子晨作为以数字文化为特点的文化街区，是在太阳锅巴厂原址上改造而成的，象征着过去与未来在此交织。凯文·林奇在《城市意象》中提到，标志物经常被用作确定身份或结构的线索②。太阳锅巴厂早年参与生产的水塔、烟囱等具

①凯文·林奇. 城市意象[M]. 方益萍，何晓军，译. 北京：华夏出版社，2001：1.

②凯文·林奇. 城市意象[M]. 方益萍，何晓军，译. 北京：华夏出版社，2001：36.

有特色的工业建筑物被保留下来，与现代建筑自然融合，这既是对过往历史的延续，也是量子晨文化街区独有的标志。

在量子晨的整体空间布局中，水塔处于整个街区的中心位置，塔身呈灰色，与量子晨其他建筑在色彩上融为一体。水塔的上半部分保持原有的色彩，下半部分按照原有结构，在表面贴上镜面材料，既不与原有色彩相差过大，又增加了几分时尚潮流的气息（图7－3）。在水塔的不远处，保留原有砖土颜色的烟囱伫立在电子竞技馆旁边，与水塔、竞技馆上张贴的大幅游戏海报以及水塔下的游戏道具结合在一起，俨然一个整体，容易使游戏玩家联想到游戏中的海岛地图（图7－4）。在游戏玩家眼里，烟囱和水塔不仅仅是原锅巴厂留下的建筑物，更像是一种现实化后的游戏布景，融合之后的量子晨，是过去与现实的交汇地，也是虚拟与现实的融合地。

图7-3　量子晨保留的水塔以及空投道具

图7-4　原太阳锅巴厂的烟囱

麦克卢汉认为，媒介不仅是语言、文字、电信和广播电视等，还包括服装、货币和住宅等。不同形状外观的建筑，常常传递截然不同的信息，比如方形建筑使人联想到定居的生活，而圆形棚屋或帐篷传递的则是游徙的生活方式。① 量子晨整体建筑现代感十足，街区建筑基本为灰色系，简洁光滑的外墙体加上简约的线条，相比西安的其他传统建筑更具现代感。街区主建筑之一“山海 CLUB”尽可能保留了厂房原始的肌理，色调仍然以灰、白、黑三色为主色调，但相比街区其他建筑，“山海 CLUB”使用了点线面的另一种结合，看起来既像折纸留下来的痕迹，也像陡峭的山壁。这种设计打破了传统线条给人的冷静与安定感，除了极具视觉冲击力以外，更给人以动感，仿佛随时就要伴随音乐摇摆起来。建筑外观大面积使用玻璃等反光材料，增加建筑本身的层次感和现代感。整个街区大面积应用了反光材料，街区核心建筑电子竞技中心的下半部分、娱乐中心、部分商铺都采用玻璃幕墙作为建筑外材料。同时，玻璃材料还被使用在建筑间的连接桥梁、楼梯护栏、平台的围栏上面，透过玻璃可以看见色彩、材料各异的布置。这样设计不仅显得空间宽阔敞亮，也更充满潮流、年轻的气息。

除此之外，量子晨街区的商铺以及墙面装饰也体现了这里是潮流文化的聚集地。大型机械机器人、将近 2 米的乐高陈设、与电竞游戏相关的道具、LED 灯构成的各色灯牌，还有设计成星星形状、会发光的、可以供人休息的大座位等，都是吸引年轻人拍照打卡的好去处。太阳食品厂的直营商铺，作为传统文化的缩影，也是老西安人记忆的标志和延续，商铺门口的各色 LED 灯牌、口号拼贴成的海报，都让这个老品牌有了新的形态。

（二）电竞文化相关的符号

麦克卢汉曾在著作中提到：“游戏是大众艺术，是集体和社会对任何一种文化的主要趋势和运转机制做出的反应。和制度一样，游戏是社会人和政体的延

---

①马歇尔·麦克卢汉.理解媒介:论人的延伸[M].何道宽,译.北京:商务印书馆,2000:159.

伸，正如技术是动物有机体的延伸一样。”①在今天，游戏早已成为了年轻群体不可或缺且司空见惯的娱乐方式，游戏场景既是疏解压力的场所，也是社交的方式，更是对自身形象和理想生活方式的一种幻想和表达。在游戏中玩家能摆脱生活的烦恼，将自己置身于一个拟真的世界中。我国学者宗争在《游戏学：符号叙述学研究》中提到：游戏设计者必然要制造一些规则和框架来支撑自己的立场，而这种制造符号的过程一旦开始，游戏就与它的虚构对象产生了距离。巴赫金的狂欢理论认为，狂欢为人们提供了一次暂时拒绝官方世界的机会。它提出了一种让人们过上好日子，过上平等、富足和自由生活的乌托邦式的承诺。因此，在巴赫金看来，狂欢是对抗现实或者区别于现实的另外一种存在状态。显然，游戏为现代人的精神狂欢提供了一种门槛低、范围广、随进随出的场所的可能。

1. 符号三分原则下的电竞比赛。电竞比赛作为精神消费的形式之一，本身就是无数符号的承载体。皮尔斯的三分法理论提出，符号可以从载体属性、所指对象、与解释项的关系三方面分类，每一种又可以进行更为细致的划分。

从载体属性的角度来看，符号可以分为性质符号、单一符号、法则符号。性质符号是指符号自身具有物质属性，这种物质属性指代的符号不受所指对象的影响，宣传海报就是常见的案例。宣传海报是量子晨街区展现电竞文化不可缺少的一环，样式非常丰富。比如，2021 年第一赛季的宣传海报（图 7－5），主要由白色、黄色和褐色组成，画面背景中的机械太空舱展现了科技、现代化的元素。四名在空中的游戏角色、弹壳以及玻璃碎片又充满动感，使人很容易就联想到角色刚打破太空舱的玻璃顶跳下来的场景。单一符号主要表现在具体的个例，且这个个例不论使用多少次，都会被当作同一个符号使用而不会增加新的意义。比如图 7－5 中的“和平精英职业联赛”字样，这个符号无论在任何场合和

①马歇尔·麦克卢汉. 理解媒介：论人的延伸（增订评注本）[M]. 何道宽，译. 南京：译林出版社，2011：265.

语境下被提及和使用，都很难被赋予超出游戏本身的其他意义。法则符号的意义则主要体现在它将符号维持在某个时间和场合里，使得单一符号在不同的、具体的语境下也能代表同样的含义，例如游戏中代表时间的倒计时符号。

图 7-5　和平精英比赛海报

从所指对象的角度，符号可以分为相似符号、标引符号、象征符号。相似符号又被称为图像符号，两种符号在表现形式上具有较高的相似度时，就可以被看作相似符号。由现实事物抽象概括后的图像、照片和照片中的人都可以被看作相似符号。游戏中的种种道具以及游戏场景，包括工厂、医院、仓库、集装箱等都与现实生活高度拟真，简单符号背后代表的是功能和特点各异的场景，是最简洁易懂的符号形式。标引符号则需要一定的逻辑推理过程，一个符号可以由另一个符号推导得出，比如玩家和观众可以通过游戏中角色的装扮来判断角色的装备情况，如三级头盔、三级装甲等，不同等级的头盔和装甲可以推导出对方的战斗力，还能推导出对方与自己战斗时的胜负概率。象征符号是指“通过具体可感的艺术形式或艺术化了的自然、人工现象去承载抽象的观念或理念内容”。在VSPN电竞场馆中，游戏中的各类符号通过不同的方式展现在眼前。走廊中的蓝、白、黄三色LED灯，通过极为简单的抽象线条，寥寥数笔勾勒出烤鸡、降落伞、钟表、决赛圈等符号。烤鸡象征的是游戏中的获胜玩家可以得到的胜利标语“大吉大利，今晚吃鸡”，可以看作胜利的代名词；降落伞象征着游戏开始的跳伞行为；钟表和决赛圈组合在一起使玩家联想到游戏最后阶段的激烈竞争。

从与解释项的关系来看，具体可以分为名词符号、情绪符号和行动符号。名词符号可以具象成逻辑上的概念，主要以语言的形式表现出来。比如玩家和游戏爱好者们将“和平精英”称为“吃鸡”，这就是一个典型的经过解读之后形成的名词符号。情绪符号、行动符号顾名思义就是人们在接收信息时，会产生相应的情绪和行为表现，比如看到电竞场馆里轮番闪耀的灯束，就会觉得心潮澎湃；当支持的战队和选手的名称、图片出现在大屏幕上时，观众席往往会爆发出欢呼声，这都是情绪符号和行为符号很好的例证。

2. 电竞空间里的符号解读。早在2003年，电子竞技就获国家体育总局批准成为正式的体育竞赛项目，在15年后的2018年雅加达亚运会上，首次将电竞加入了亚运会项目。随着电子竞技行业的蓬勃发展，职业的游戏选手和游戏战队早已赚得盆满钵满，越来越多的年轻人也热衷于在现场观看电竞比赛。麦克卢汉早在20世纪60年代就选择从泛媒介的视角来解读公共空间，公共空间一方面是符号及其意义的物质载体，在另一方面空间本身就是一种媒介。有学者在《游戏学：一种媒介的视角》中提到，游戏空间分为虚拟空间和现实空间。① 虚拟空间就是指游戏的内容所营造的空间，包括游戏的地图、故事叙事背景、人物角色等融合的结果；现实空间则是指游戏玩家身体所在的空间。两者相辅相成，缺一不可。

①白志如. 游戏学：一种媒介的视角［M］. 北京：社会科学文献出版社，2019：42.

量子晨中的VSPN电竞馆整体风格较为现代、个性，推崇前卫的结构特色和室内空间布局划分。在设计上大胆使用质感较为厚重的新材料和新工艺，随处体现着科技感和未来感，加上对比度较高的配色，形成鲜明的视觉反差。场馆功能划分为比赛区、观赛区和讲解区三个区域。比赛区主舞台成阶梯状，共分为三层，第一层呈扇形，四人为一组，是上一场比赛中排名前五的战队的比赛位置，后面两排的位置则按比赛名次分给其他战队。每个队伍座位前方的电子屏上都附有战队的标志以及队伍名称的英文缩写。游戏开始后，屏幕上会出现四个电池符号，象征着玩家是否在游戏中存活以及剩余的生命值，白色代表在游戏中淘汰出局，黑色代表存活，红色代表虽然存活但是生命值不高。观众通过这些符号能及时了解游戏进程以及每个队伍的实力，一旦参赛战队所有队员被淘汰，战队位置前的屏幕就会熄灭。

麦克卢汉曾说："电光把一种其他时代闻所未闻的有机灵活性带进了一种文化复合体，这就是人在住宅和城市里的延伸。电光具有独特的表意系统，这个系统的媒介就是讯息。"①电竞场馆的整体布置可以说就是用灯光在绘画，通过不同色彩、不同形式流动的灯光，勾勒出各式各样的符号来进行表意。整个场馆的灯光主要分为以下两种功能：一是展示游戏中产生的电光，二是烘托氛围、煽动观众情绪的辅助功能。比赛舞台是整个场所中最流光溢彩、变化多端的部分，是所有观众的目光汇集地，也是主要符号的聚集地。屏幕主要用于展现比赛进程，包括实时更新的游戏比赛排名，全知视角下的游戏地图，用不同色彩的符号标注出战队所在的位置等，还会根据游戏情节的需要切换到选手视角，帮助观看者沉浸式享受比赛。屋顶的射灯、屏幕周边灯光组成的机械纹路、舞台的边界灯光等，会随着比赛需要随时更改颜色，既烘托了氛围，又不会过分喧宾夺主。

---

①马歇尔·麦克卢汉．理解媒介：论人的延伸（增订评注本）[M]．何道宽，译．南京：译林出版社，2011：230.

（三）服饰装扮符号

电子竞技经过长足发展，现在已经形成了较为完善的产业，观看电竞比赛也成为不少玩家日常生活中的一项仪式。在人类学看来，“仪式是一种文化建构起来的象征交流的系统，它由一系列模式和序列化的言语和行为组成，往往借助多重媒介表现出来”①。根据人类学的相关研究，仪式往往是由个人亲自参与和实施的，受时间和空间的限制，强调当时当地的仪式，这种仪式的效用才是最大化的。② 在这场亚文化的盛世中，除了场馆、灯光等硬件设施，选手和观众的服饰装扮等软件元素也不能被忽视。

在电竞比赛中，选手的服饰本身也是塑造比赛氛围的一部分，穿着固定的服装参加比赛，其本质类似于人们穿着特定的服装参加一场盛大的仪式。③ 选手们都是穿着自己的俱乐部队服出现，既体现出职业联赛的规范化和专业化，也体现出团体游戏或者说团体比赛所倡导的团队精神。除此之外，队服本身也是承载粉丝情怀的符号。每家俱乐部的队服上印有各自队伍的名称缩写或者 Logo，标志着选手们不同的归属。不同的色彩选择和设计理念反映出俱乐部各自弘扬的精神核心，同时也是承载粉丝群体情怀的载体。队服大多采用黑、白、红、蓝等较为鲜艳的颜色，款式较为简洁，大多以几何色块拼接为主，整体洋溢着青春朝气。以 4AM 战队为例（图 7－6），衣服底色为黑色，胸前有三道从上到下的条纹，左胸前印着赞助商虎牙直播的 Logo，中间的主要图标是 4 个古罗马勇士以及 4AM 标志，并在下方附有这个名称的解释：FOUR ANGRY MEN。古罗马勇士在人们心中是勇气和战斗的象征，4AM 战队选用 4 个古罗马勇士作为 Logo，一方面

---

①张兵娟. 媒介仪式与文化传播——文化人类学视域中的电视研究[J]. 现代传播（中国传媒大学学报），2007(6)：18－20.

②张圣曜. 电子竞技媒介仪式研究——以《英雄联盟》职业联赛 2018 年世界赛总决赛为例[D]. 成都：西南交通大学，2019.

③邓宇轩. “电竞”影像的生产与传播研究——以“王者荣耀”职业联赛为研究中心[D]. 南京：南京师范大学，2020.

展示电竞本身也是一种战斗，体现竞技体育的精神，另一方面体现 4 个队友齐心协力共同争取荣誉的决心。

图 7-6　4AM 战队海报

电竞比赛的仪式性传播的方式是参与，其参与对象不仅指参加比赛的选手，赛事现场的观众也是重要组成部分，相比于职业选手的统一着装，观众的打扮就显得五花八门。部分俱乐部的忠实粉丝会选择穿着俱乐部的队服，而且往往坐在一起，在观众席中颇为显眼。服装不仅是区分“自己人”和“他人”的符号，更是引起场内情绪共鸣的符号，甚至有个别观众会穿着游戏中的角色服装来观看比赛。电竞比赛的观众大部分是潮流文化的追捧人，因此在比赛现场，拳击手脏辫、彩色发色、工装裤、JK 装等潮流元素屡见不鲜。

（四）各种声音符号

声音和场景可以把听众带到一个仪式化的空间内。声音本身并不具备实体的空间性，只是听众在感受声音整体所展示的运动规律过程中产生的一种空间想象。① 各种声音符号的内涵和外延相互组合，拓展观众视听的复合感受，为联想提供广阔的空间。在电竞比赛中，声音符号主要由游戏背景中的配乐和人声构成。

配乐的主要功能是通过大量具有氛围感的音效和音响来营造氛围，在这种氛围下，观众会强化内心的仪式感，更好地感受和理解游戏中符号所表达的意义。比如，在比赛开场时响起的节奏非常明快、架子鼓音色非常突出的背景音效，这种磅礴大气的音效立刻渲染出一种激情澎湃的氛围，使观众与选手脱离生活中的日常场景，进入游戏设计者所描绘的仪式化的场景中，唤起和强化在场者对于游戏所代表价值的情感认同。符号的意义往往不局限于其表层意义，更重要的是它的象征意义，即通过转喻的方式，将现实存在的客观声音和临近的环境联系在一起，为后续通过联想为符号赋予意义奠定基础。比赛开始以后，开场的配乐基本消失，仅仅保留了游戏中道具自带的音效，如枪击声、引擎声等。这些声音符号不仅起到了提示音的作用，也使观众的注意力集中在一个点上，更重要的是其象征意义：枪声象征着战斗，代表整个游戏的主题。

人声也是整个空间中重要的声音符号，包括解说员的解说和比赛时选手之间交流的语音，由于后者在正式的比赛过程中声音较小，基本属于背景音，本段重点针对比赛解说这一声音符号进行分析。解说本身就是电竞比赛中必不可少的部分，现实空间是无限的，视觉的画框仅仅能录取其中的一部分，而声音符号却使得“画外空间”得以解放，与灯光、游戏、选手等符号一起组成了完整的电竞比赛。另外，相比于传统体育，电竞比赛作为指尖上的竞赛节奏更快，动作间的间隔时间更短，这就要求电竞解说需要更快的语速。为了适应这样的需求，解说员常常会将游戏中的道具以及选手的操作进行简化，或者改用游戏爱好者才能听懂的“行话”。比如，将游戏中的霰弹枪道具简称为“喷子”，M762 步枪称

①姜燕. 城市中的声音与影视创作[J]. 现代传播,2013(11):72 - 76.

为“猛男枪”，以及把对受伤的队友进行救助的行为称为“扶”，将刚进入游戏就被淘汰的情况称为“落地成盒”等。

四、结　语

从太阳牌锅巴厂到量子晨文化街区，跨度着实不小。其实，细究起来，其核心理念是贯穿始终的：二十世纪八九十年代的年轻人，把吃太阳锅巴看作是一种潮流，如今的年轻人，把电竞、美食、电音、潮流看作青春的象征。不同年代虽有不同的潮流定义，但年轻人对生活的热切向往与激情都是一样的。还有，旧厂房拆迁后留下来的水塔和烟囱，是一种新与旧的连接，更是一种记忆的传承。曾经太阳锅巴厂内高高的水塔，现在就矗立在VSPN电竞中心大楼的旁边。水塔的下半部分被崭新的金属包裹，贴上了彩色的贴画，并且水塔周围摆满了游戏“和平精英”中的道具模型，形成一幅独特的景象。新旧对比，旧的正在被新的包容同化。两代年轻人之间的断裂与连接，也如这脱胎换骨的水塔一般，新中有旧，旧中有新。

从老厂房更新改造为都市生活的休闲玩乐天堂，量子晨就如同西安这座城市一样，用创新与实践迸发出无限活力。在这里，电竞产业蓬勃发展，年轻的梦想生根发芽，文娱业态交融共生。自由、开放、包容的量子晨已经成为爱好潮流和电竞的年轻人的聚集地，也逐渐成为火爆全网的潮流打卡地。

第八章　唐风流韵：大唐不夜城的文化符号及其载体

大唐不夜城作为西安的文化地标，拥有很高的知名度和美誉度。 它位于西安曲江新区，是集旅游、娱乐、文化、商业为一体的时尚新空间。 街区主要以盛唐文化为背景，依托现代化技术打造富有盛唐特色的文化街区。

作为提升城市形象和城市文化价值的重点项目，大唐不夜城从 2006 年开始建设，于 2009 年 9 月 28 日建成并开放。 整条街区长 2100 米，总占地面积64.49 公顷。 作为大唐不夜城北起点的大雁塔北广场，于 2002 年 8 月开始着手修建，历时一年零四个月建成并开放。 2007 年 7 月至 2009 年 9 月，在第一期的基础上又完成了贞观广场、玄奘广场以及中央景观雕塑的修建。 同时，西安音乐厅、西安美术馆、太平洋影城也陆续建成开放。 2010 年 9 月 26 日，开元广场和万国来朝修建完毕，标志着全长 2100 米的街区全线贯通，完整地展现了古都西安的历史文化轴线。 作为四大文化场馆收官之作的陕西大剧院于 2017 年 10 月建成并开放，既填补了陕西省没有大型歌剧设施的空白，也为大唐不夜城增添了极具特色的文化氛围。 2018 年 10 月，文化街区全面启动提升工作，涉及街区内的硬件设施改造、盛唐文化元素以及现代灯光艺术等方面。 2018 年 12 月 25 日，大唐不夜城全新亮相。

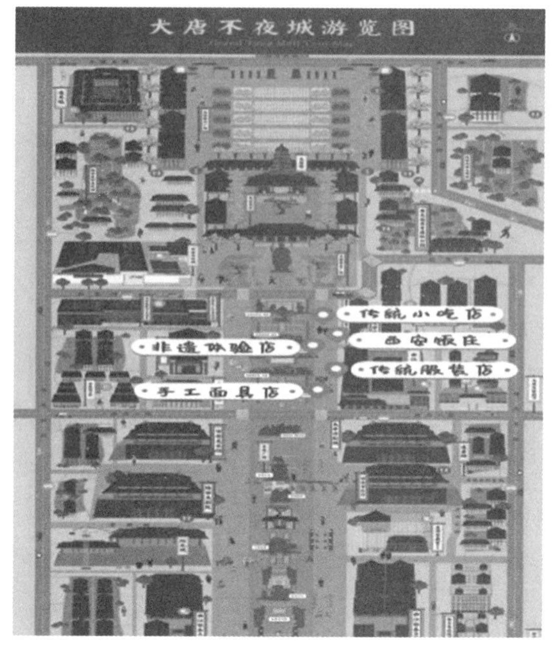

图 8-1　大唐不夜城游览图

一、秩序井然的空间布局与业态分布

从整体上来看，大唐不夜城呈南北纵向垂直线性布局，以大雁塔南广场至唐城墙遗址公园为主轴线，中间错落交叉着众多副轴线。街区南北全长 1500 米，从南到北包括五大景观街区，分别为古城墙遗址公园、庆典广场、文化交流广场、贞观广场（图 8－2）以及商业步行街。按照具有盛唐特色、地域文化特色以及国际水平的总体要求，大唐不夜城步行街的规划呈现“一轴两市三核四区五内街”的总体格局。“一轴”主要是指大唐不夜城文化商业轴；“两市”是指贞观新风韵唐市和创领新时代都市；“三核”是指大雁塔广场景观文化核心、贞观广场时尚艺术核心和创领新时代广场休闲时尚核心；“四区”是指盛唐景观人文风貌展示区、中华传统美食文化生活品鉴区、贞观国际艺术文化交流体验区、创领新时代都市休闲文化区；“五内街”是指慈恩镇——陕西风情小吃文化街、新乐汇——传统美食文化街、欧凯罗——潮流音乐酒吧文化街、温德姆——品味生活咖啡文化街和阳光城——SKP时尚青年艺术文化街。

图8-2　贞观广场

图8-3　玄奘广场

整个街区按照空间顺序可分为起点、发展、高潮、尾声四个形态区域，按照情感顺序可以分为起源、交流、祥和、欢庆、铭记五个情感区域。在起始段、高潮段和结尾段分别设置了玄奘广场（图8－3）、贞观广场和开元庆典广场。玄奘广场即大雁塔南广场，是街区景观的开端，位于大慈恩寺前，占地面积达2.16万平方米。广场中央伫立着玄奘法师的青铜雕像，该雕像高达4.98米，是街区的一处标志性雕塑建筑，不仅展现了玄奘法师气宇轩昂的气质，还呼应了该区域佛教文化的主题。作为高潮段的贞观广场可谓是街区的重要部分，面积达6.38万平方米，周围坐落着美术馆、音乐厅、影城和大剧院，大气磅礴的街区景观与西部文化艺术相呼应。广场中最为瞩目的当属三组雕塑，分别为“水能载舟，亦能覆舟”“贞观之治”和“房谋杜断”，展现了该广场的帝王文化主题，庄严大气的李世民雕像也体现了贞观盛世的高潮，因此贞观广场占据着大唐不夜城的中枢位置。开元广场在整个大唐不夜城的最南端，也是街区的结尾段，其占地面积为1.22万平方米，广场上设立了一组“开元盛世”的群雕和8个LED灯蟠龙柱。其中李隆基的雕像为4.95米，意为九五至尊，该雕像意气风发，尽显帝王风范。广场四周包括文学馆、民间艺术馆和复原的城门城墙，其主题定位为庆典活动主题广场。

从文化街区的定位上来讲，大唐不夜城是集旅游观光、休闲娱乐、购物消费和文化艺术为一体的商业步行街，主要面向西安市民以及国内外的游客，消费层次包含了大众消费、中高档消费等。文化街区内聚合了多种商业形态，酒店、住宅、写字楼、专卖店、餐饮、酒吧等，按照街区的主轴线由南至北依次将不同商业形态串联起来，实现了区域间高度集约的产业集群。作为集购物、休闲、娱乐为一体的文化商业MALL，大唐不夜城囊括了餐饮区、购物天堂、皇家娱乐城以及精品小商店区等功能区。贞观广场周围除电影城和音乐厅之外，其东侧还包括商务酒店、服装专卖店、钓鱼市场以及婚纱摄影等其他商业形态。东南侧主要是欧洲城，包括一些具有西欧元素的品牌和休闲吧、餐饮吧等。贞观广场的另一边主要是美术馆和大剧院，还有体现古都文化和丝绸之路文化的美食、古乐器、陶瓷等交易场地。通向开元广场的商业街的两侧，形成了带状的商业形态，其东侧主要是商业区和以新生活为主题的办公区，向市民展示新型办公生活以及提供便民服务。西侧主要是以艺术为主题的商业形态，是绘画、书法、雕刻等传统艺术家的聚集地和部分文化产品的孕育区。该区域通过具有现代艺术感的生产方式，对街区文化进行新概念阐释，将古都文化附着在商品上，打造精美的文创产品。

文化表演也是此文化街区的重要构成部分。一种是大型主题表演，以情景再现的方式展现大唐文化，另一种是以行为艺术为主的表演，通过互动增强游客的趣味性和参与感。大型主题文化表演再现了大唐风华，其中最具影响的是舞台剧《再回长安》，以西安的人文风貌和文化传承为主题，展现古都长安和都市西安的古今对比，表演分为“回家”“传承”“守护”“和合”四个部分，表现出从古至今人们对家乡的眷恋之情。此外，唐文化主题展演也很受欢迎，包括《诗歌艺术》《花车斗彩》《贞观之治》《戏演壁画》，这些展演运用具有现代风格的方式，沉浸式地还原了唐朝在文学、生活、娱乐等方面的文化魅力。

图 8-4　文化表演

图 8-5　文化表演

行为艺术文化表演中影响力较大的“不倒翁小姐姐”，其创作理念来源于唐三彩的人物俑，根据西安的城市吉祥物“唐宝”和“唐妞”设计而成，立足于本地特色，深入挖掘传统历史肌理，将传统和现代元素完美融合，打造了既有流量又有特色的文化IP，形成了一种新型的文化符号。

除此之外，街区内还有很多产品都充满文化气息，包括憨态可掬的唐元素文创、唐食坊的唐风美食、悠扬婉转的唐风乐器等，将城市文化镌刻在各个细节中，无形中提升了西安城市文化形象的影响半径。

二、大唐不夜城的文化符号与载体

一个城市文化街区的文化符号往往与其所处的地域历史有关。大唐不夜城所包含的文化符号虽多种多样，但总体上再现了盛唐气质，吸引人们回到历史深处感受盛唐文化。

（一）以广场矩阵为载体画卷式呈现大唐气势之雄壮

大唐不夜城有四大广场，分别为大雁塔北广场、玄奘广场、贞观广场、开元广场，这些名称分别取自具有深厚历史文化色彩的“大雁塔”“玄奘西行”“贞观之治”以及“开元盛世”等历史文化地标建筑和历史文化现象。四个广场虽各有侧重，但均以唐文化为主题背景，以广场矩阵的形式展示唐文化，共同打造整个大唐不夜城文化街区的唐风底蕴。

大雁塔北广场由中央水泉喷泉区、园林区、仿唐建筑（图8－6）以及东西步行街四部分组成。它东西长480米，南北宽350米，占地约16.8万平方米。整个广场上大唐文化的点睛之笔——大唐盛世铜书卷，位于广场北面的最前端。书卷上刻有盛唐时期的“开元盛世”和“贞观之治”的文字介绍和白描画面，充分体现出盛唐时期的文化底蕴，同时它也是目前世界上最大的青铜书卷雕塑。除此之外，整个广场的核心部分是占地约2万平方米的中央喷泉水景表演区。喷泉水景表演区由北端的音乐水池、中间的八级叠水池以及南端的瀑布水池构成。每个水池既可以进行独立的音乐喷泉表演，也可以合并成巨大的景观和矩阵喷泉。广场两边的园林区布局采用古长安“里坊”的九宫格局，园林区中还伫立着唐代八大精英人物的造型雕像，而雁塔题名等十件精美的水景雕塑小品，更是演绎了博大精深的唐文化。

图8-6　仿唐建筑

贞观广场长300米，宽230米，规划面积6.38万平方米。广场以唐朝李世民的贞观之治为背景，选址在雁塔南路与芙蓉园西轴线——雁南一路的交汇点，与大雁塔遥相呼应。贞观广场是整个大唐不夜城步行街最核心的部分，也是曲江新区总体结构的核心，主要由陕西大剧院、西安音乐厅、西安美术馆和曲江太平洋影城等文化艺术性建筑组成。贞观纪念碑是不夜城的地标性建筑，由李世民骑马像及周围的附属雕塑组成。碑体正面雕刻“贞观之治”，背面为贞观政要名录数百字，充分体现了大唐的繁荣景象，其主要功能定位是西安高雅艺术和时尚潮流的发源地和集散地。

开元广场占地面积1.22万平方米，广场四周为民间艺术馆、文学馆、唐城墙遗址公园的复原城墙和城门。该广场为政治、文化、庆典活动主题广场，将开元广场打造成一个流动的、不断变化的、开放的露天博物馆和艺术展览馆。在特定时间，用虚拟现实及高科技影像技术重现历史上的重大事件，让人如临其境。开元广场上有一组“开元盛世”主题雕塑和8根LED灯斗拱柱，整个广场向我们展现的是唐朝极盛时期——“开元盛世”的景象。依托8根柱子，我们看到的是一个造型独特的演出舞台——“盛世荣景”舞台。这里每晚都会上演大型历史人文展演剧《再回长安》，展现现代人穿越回大唐，与祖辈先人古今对望的一场盛世团圆宴。这个舞台结合炫彩科技灯光，LED巨型屏幕，也是整个街区中最大型、最核心的表演舞台。

如果说大雁塔北广场是西安的城市会客厅，那么观景平台上的大唐盛世浮雕便是客厅中的屏风，它通过15个故事将大唐的繁华景象浓缩于这百米长卷中，再现了大唐的繁荣。

（二）以建筑及其空间组织体现大唐建筑之秀美

大唐不夜城的建筑也体现着唐文化色彩。大唐不夜城文化商业步行长街项目的核心部分为文化交流中心，它由陕西大剧院、西安音乐厅、曲江太平洋影城和西安美术馆等4个文化艺术场馆组成。这些场馆的总体布局以南北主轴线和东西次轴线展开，并围合出唐代常见的“凹”字形空间布局，形成方整、内向、极具聚合力的现代文化交流空间。① 4个场馆在建筑设计上也都极大程度地体现出唐代建筑风格。

在整体建筑上，这4个场馆均采用现代高台设计。高台基层的设计简洁干净，可以将场馆低矮的公共大厅与附属建筑分离开来，使得场馆大厅形成突出之势，既能体现出文化场馆的雄伟壮丽，又保证了观演或展出空间的开阔。这种高台建筑在唐代大型建筑——大明宫含元殿建筑造型中也有所体现，其殿阁屹立于砖台之上，体现出唐代“以势壮美”的建筑美学思想。在屋顶设计上，4个场

①项秉仁，程翌．古城西安的“文化大殿”——西安大唐不夜城文化交流中心建筑和室内设计[J]．建筑学报，2010(2)：50－55．

馆的主体大厅及其附属设施均采用中国传统的大屋顶设计，主要展演空间用重檐庑殿和重檐歇山式屋顶设计，南北向布置。附属建筑则是单檐歇山设计，东西向布置，整体形成大小屋顶组合的建筑群落。而且屋顶的具体设计也都按照唐代建筑修建，大屋顶建筑的墙身开间和开窗方式、墙身侧角以及屋顶的坡度、斗拱尺寸、出挑深度等都遵循唐代风格。

唐朝的建筑有一个重要的风格，就是材料简单，但是造型结构和空间处理手法精妙，整体大气端庄，规划整齐但不呆板。大唐不夜城为了更体现中国传统建筑风格，文化交流中心场馆的外部设计均按照唐代建筑比例设计。唐代建筑中木结构柱有明间、次间、稍间、尽间之分，这样的柱间分隔出来的空间活泼有趣，充满传统建筑优美比例韵味。但是如果一味采用这样的木结构柱间距，柱子多而密，难以满足现代大型场馆建筑的功能需要。因此，经过讨论，最终采用两层表皮的现代设计手法。场馆的外层表皮是仿石或仿木的墙体，为装饰性表皮，真实的支撑结构藏在里层表皮，这样既保证了建筑的稳定性，又充满唐风唐韵。而且到了晚上，建筑内部的灯光通过内层表皮洒落到外层表皮的格栅上，在视觉上形成了一个个透空的小空间，华丽秀美，原本单调的灯光也富有层次感，明暗对比下更能凸显唐风富丽之妙。①

（三）以雕塑艺术为中介展现大唐群英之飒爽

大唐不夜城是梦回长安的最佳载体，雕像展现了唐代的历史文化。其北起玄奘广场，广场之中唐玄奘的雕像最为醒目。在唐代，佛教是传播最广、影响最大的宗教。唐太宗时期有佛寺 3716 座，高宗时有 4000 座，玄宗时有 5338 座。而长安是全国寺院分布最密集的地方，有 124 座寺院，占全国总数的 15%。公元 627 年，玄奘立下宏愿，去天竺求取佛经。他从唐朝长安出发

---

①项秉仁，程翌. 古城西安的“文化大殿”——西安大唐不夜城文化交流中心建筑和室内设计[J]. 建筑学报，2010(2):50－55.

一路向西，历时 17 载，于贞观十九年返回长安，抵达长安时有十万僧俗迎接，场面恢宏，玄奘一时扬名长安城乃至整个大唐。这一迎接仪式既是官方对佛教的重视，也是对玄奘作为佛教符号的认可。玄奘西行天竺求取佛经这一惊世壮举，本身就携带着丰富且多层次的内涵，其精神境界在所到之国皆产生了重要影响，其事迹也载入各国史册，成为异域对中国文化的指称符号。[①] 大唐盛世的文化影响可见一斑。

自玄奘雕像开始，一路向南进入大唐不夜城步行长街，在这条亚洲最长的景观大道上，坐落着以李世民、李隆基、武则天、玄奘等一代帝王、历史人物、英雄故事为主题的大唐群英谱雕塑群，集中展现了唐代佛教文化、绘画艺术、诗歌艺术、书法艺术、科学技术等领域的盛世伟业。其中，贞观纪念碑是不夜城的地标性雕塑，由李世民骑马像及周围的附属雕像组成。雕像所塑造的李世民威武端坐高头大马之上，手抖缰绳欲勒马前行，其意气风发之状一时无两。雕像四周，由号手和旗手各半的 24 人仪仗队、鼓手 2 人及文臣武将各 3 人紧密相随。碑体正面雕刻“贞观之治”四字，背面为贞观政要名录数百字，反映了大唐帝国的繁荣盛况和李世民的文治武功。据中央美术学院雕塑创作团队负责人介绍，该纪念碑是他和他的创作团队将大唐时期的雕塑元素和西方纪念碑式雕塑创作手法相结合创作的，反映了大唐帝国的繁荣盛况和李世民的雄才伟略。在贞观广场和开元广场之间，立有一组“武后行从”雕塑，该组雕塑以唐代著名画家张萱的《武后行从图》为蓝本，描绘武则天宫廷巡行的情景。武则天戴宝珠凤冠，深衣广袖，气度威严，女官男装，围护左右。这组雕像上承贞观之兴，下启开元之盛，自然地将唐代的两个兴盛时期连接起来，完整地展示了大唐盛世气象。开元广场是大唐不夜城中轴线的景观高潮，广场上设立了 1 组“开元盛世”群雕，最底层是 42 个乐俑手持各种乐器尽情演奏。第二层是唐玄宗最器重的 6 位重

---

①赵敏. 符号的漂移:“一带一路”视域中的玄奘符号演化及其当代价值[J]. 艺术评论,2019(3):51－59.

臣及20个番邦使节，文臣武将雄壮威猛、自信豪迈。顶上则是李隆基雕像，尽显帝王风范。雕塑基座层层递进，雄伟壮观，基座上还立有巨大的圆形龙壁，展现奢华富丽的大唐气派。整个雕塑群由78个人物组成，充分体现出盛唐时期繁荣灿烂、君民同乐、歌舞升平的盛大庆典场面。“开元盛世”主题雕塑结合中国传统艺术元素与西方纪念碑自由奔放的样式，配合灯光展示，气势恢宏，营造出超常规的视觉震撼力，是大唐不夜城众多雕塑的点睛之笔，尽显大唐风采。还有，“万国来朝”雕塑向人们展示了大唐王朝四海臣服、万国来朝的盛世景象。

这些雕塑群也体现着唐代风格，比如开元广场上的朱红蟠龙柱和“武后行从”雕塑两边的“唐历史文化浮雕柱”，顶部均采用中国古代建筑上特有的斗拱设计，斗拱的构件由方形的斗、升、拱、翘、昂组成，是中国传统建筑形制演变的重要标志。通过这些传统建筑、雕塑等艺术元素所营造的视觉盛宴，到访者会充分感受到中华文化的博大精深。

（四）以景观营造为手段衬托大唐盛世之恢宏

唐代开元盛世的精髓就是百姓安居乐业，这一精神也被融入城市家具的人性化设计中。大唐不夜城的景观带及开元广场共有44个垃圾桶、48组树池座椅、56个条形座椅，并统一为唐代风格，方便市民游客休憩的同时，体现了传统文化特色。而在绿化方面，种有国槐、枇杷、桂花等树木，并配有樱花、银杏、玉兰、广玉兰、五角枫等观赏性树木，保证“四季常绿、三季有花”。还有，大唐不夜城充分利用灯光元素，打造盛世灯火之景，更好地展现盛唐时的繁荣华丽。唐代上元节观灯是一项全民性活动，放夜三日，万民同乐，家家均有燃灯习俗。唐人写上元佳节的诗作不胜枚举，郭利贞的《上元》中有“九陌连灯影，千门度月华”的描述，足以显示其浩大声势；杨炯的《奉和上元酺宴应诏》描绘道：“瑶台凉景荐，银阙秋阴遍。”足见其流光溢彩。大唐不夜城在整体灯光设计上也力求重现唐代上元灯节之繁华。从北广场开始，临街树木都加以金色垂吊灯带修饰，斑点星光透过树枝挥洒落地，以营造光影缤纷氛围。大唐不夜城步行街上的灯光更是一大亮点，路灯色彩明亮，佐以商铺颜色各异的灯牌，烘托热闹氛围。沿街树木皆挂满红色灯笼，即使是平日也充满了节日色彩，建筑的金色灯光透过朱墙折射出来，气势恢宏，壮丽而华美。重点街区如唐食坊设置的红色灯笼架，带领游客重返盛唐，充分体现传统灯光韵味。此外，不夜城街区还设置了一些艺术造型，如旋转的灯光树架，颇有苏味道在其诗《正月十五夜》所写“火树银花合，星桥铁锁开”的意味。

（五）以文艺表演为桥梁领略大唐文化之灿烂

大唐不夜城每晚都有常态演出项目，既有传统的大唐演艺，也有创新的行为艺术。其中大唐演艺的四个节目，无论是从表演内容上，还是从表演者的服饰妆容上，都尽力还原唐代风格。节目的设置还充分体现唐代的社会发展和历史文化，意蕴深远。如表演《诗歌艺术》，以“大唐群英谱”景观雕塑群中的诗歌艺术雕塑为背景，以唐代诗人“李白”为主要人物，通过灯光氛围的营造将一代诗仙重现眼前。开场大唐美女手拿书卷出场，之后泛舟水上，诗仙李白在一旁仗剑吟诗，背景音乐悠扬，舞剑与旁白默契配合，还原了杜甫所写的“李白斗酒诗百篇，长安市上酒家眠，天子呼来不上船，自称臣是酒中仙”这一场景。《花车斗彩》设置在繁荣锦簇的花车上，曼妙的西域胡旋舞对阵大唐乐舞：西域胡旋舞节拍鲜明，节奏欢快奔腾，处处体现异域风情，尤其西域小哥的小胡子，配上丰富的表情更显欢乐。大唐选手毫不逊色，服饰装饰、妆容搭配、舞步姿势精美绝伦，眉梢眼角尽是盛唐风情且气韵非凡。《贞观之治》以贞观时期为背景，用群舞表演的方式重现万国来朝的恢宏场景：以唐太宗李世民击鼓为开场，士兵雄壮，气势威武，整体舞蹈整齐威武，配以激烈昂扬的音乐，带领游客亲身感受唐太宗李世民的骁勇善战，展现大唐盛世之雄。《戏演壁画》设置在大唐文化柱区域，还原了唐朝画家张萱创作的《捣练图》和画家周昉的《挥扇仕女图》，“复活”唐代画作。通过展现宫女和贵妃们执扇、纺布、理妆等生活日常，让游客领略唐朝市井、宫廷贵族的生活面貌，反映了唐朝国泰民安、富庶和乐的生活场景。这种“让壁画中的人活起来”的艺术表现形式，动静结合地打造了沉浸式的唐文化感受活动。

在这些表演中，表演者的服饰也在尽力遵循唐风，还原历史。在《诗歌艺术》中，演员所穿的石榴裙就是唐朝年轻女子中最流行的一种衣裙款式。白居易在《琵琶行》中描写色艺惊人的那位弹琵琶的女子时，就曾使用了“钿头银篦击节碎，血色罗裙翻酒污”。《燕京五月歌》中“石榴花发街欲焚，蟠枝屈朵皆崩云，千门万户买不尽，剩与女儿染红裙”，也体现出唐朝女子开始追随石榴裙的潮流。另外，衣裙裙腰提高至胸乳处，也是唐代女裙的一大特色。唐代以前，妇女的穿着深受封建礼教的束缚，较为保守。但到了唐代，由于社会文化的发展，社会心态变得开放兼容，人的思想空前解放，充分尊重人的个性，妇女的穿着打扮有了革新性的变化。女性可以暴露身体，追求丰腴的身体美，这就需要合适的服饰，因此出现了“慣束罗裙半露胸”的装束。在服装的材质选择上，也抛弃了过去的厚重之感，开始追求“罗薄透凝脂”，追求幽柔清澈。表演者所穿的披纱罗为丝绸材质，轻柔、丝滑，是唐代最受欢迎的服装面料，唐人喜好将其制成薄透的纱裙搭配长裙，以展现女性风姿绰约之美。还有，大唐不夜城表演人员的发饰妆容也都遵循唐代潮流。从留存至今的绘画、壁画中，可以看出唐代妇女的头发饰品具有多样性、质地好的特点。① 唐代尤其是中唐时期的妇女，在强盛的国力下对美有了更高的追求，在发型和发饰上都大动心思，力求精美。表演者的发髻高高盘起，上面坠以镶嵌珠宝的发钗，尽显雍容。在演出妆容上，表演者敷铅粉、画眉黛、粘花钿、点面靥、涂唇部体现唐妆独特之处，展现唐朝女子娇娆、自信之貌。花钿最常见的是梅花形状，不过表演者的眉间花

---

①王坚，王琪. 唐代女性装饰和妆饰特征[J]. 艺术科技. 2017,30(8):49.

钿恰恰体现了花钿形状的多样性，各类植物花卉都可。另外就是点面靥，即表演者嘴边的两个红点。据说，面靥是因为宫中宫女月事来临就会在自己的双颊上点两个红点，表示自己来了月事，不便侍寝。之后，这种做法被传入民间，就变成了一种妆饰，成为唐朝女子妆容中非常重要的面部装饰。①

大唐不夜城的各种文艺表演均还原唐代风貌，从表演内容到妆容服饰，不仅整体上展现唐代特色，各种细节上也完美还原唐风唐韵，带游客置身灿烂辉煌的大唐文化中。

（六）以日常生活方式展现大唐民间文化之辉煌

唐代有宵禁制度。唐初规定，商业活动只能在白天进行，但是随着上元灯节的刺激，宵禁制度出现松动。上元月夜，举国上下，无论是皇室贵族还是平民百姓，全都可以出门共赏花灯，甚至身居宫中的宫女也被允许出宫夜游赏灯。“夜市”随后也慢慢发展起来。李隐在《潇湘录》中写道：“昼夜喧呼，灯火不绝……贞元末，有布衣于长安中游酒肆……至夜，多酣醉而归旅舍。”现如今的大唐不夜城，白天为旅游景点，晚上在声、光、电的配合下，为游客打造出一条时空隧道，沉浸式体验唐朝喧哗热闹的“上元月夜”。此外，作为唐文化代表的商业步行街，大唐不夜城街区处处体现着唐文化与现代文化的交融。在商业体的引进中，大唐不夜城大小兼具，传统与现代并存。除了完全意义上的现代商场之外，还设置了众多购物摊位，包罗了特色小吃、特色手办、纪念品、书籍、换装拍照等多种类项目，既有国际大品牌，也有西安老字号，还有一些独立小店，整体遥相呼应、互为补充。比如唐朝服饰租赁店铺，展示唐朝服装魅力；唐风的特色手办（图8－7）和纪念品等文创产品，手办形象涉及杨贵妃、李白等著名唐代历史人物，也有在网络上爆火的“不倒翁”形象；纪念品种类多样，包括传统明信片、钥匙扣，也有具有西安特色的唐风簪子、饰品等。这些文创小店店

---

①王一安. 唐朝女性妆容研究[J]. 艺术科技，2021，34(1)：195－196.

面设计也非常有特色，店铺内部的壁纸多突出传统特色，以书法、绘画、剪纸等传统艺术为主，在现代商业中展现唐朝风采，极具传统魅力。

图 8-7　特色手办

图 8-8　长安葫芦鸡

在餐饮业方面，也最大限度地实现了唐文化的融合。如位于大唐不夜城步行街内部陕西大剧院和西安美术馆之间的唐食坊小吃街，以出售传统小吃为主，店员身着唐朝装扮，店面装饰皆为唐风，让人们有“一步穿越”回大唐，仿佛置身于长安之感。唐食坊既有唐朝的冰酪、杏酪酥、贵妃稠酒、团扇酥、胡饼等唐朝美食，也有唐诗烧、长安葫芦鸡（图 8－8）等具有长安城特色的风味小吃，将美食与传统名称、古代器具、地方特色结合为一体，真正实现了“一步穿梭盛世，一口留恋大唐”的这种在唇齿之间领略大唐风采的愿望。

三、以文化符号建构美好城市形象

城市是人类文明发展到一定阶段的产物，它承载着人类的社会物质生活以及精神文明需要。在城市中，街道、景观、建筑、植物等既包括人工生产又包含自然生长的物质，共同组成了其特有的形态。除此之外，人类为城市赋予的历史文化、风土人情、方言、生活方式等更是一个城市独有的形象体现。作为十三朝古都的西安，拥有深厚的经济社会根基、丰富的文化底蕴和久远的文明传承。大唐不夜城利用建筑、表演、灯光等多种文化符号，将历史文化与现代生活相结合，让人们“穿越”回大唐盛世，成为西安最亮眼的名片之一。

美国城市研究者凯文·林奇曾在《城市意象》一书中提到“一个可读的城市，它的街区、标志或是道路，应该容易认明，进而组成一个完整的形态”。①也就是说，一个城市的形象是包括道路、街区、标志等综合符号组成的一个综合的“感受”，人们通过某种媒介和传播渠道而形成的对城市的主观印象，②才是一个城市的真正形象。具体到作为文化街区的大唐不夜城，在塑造美好城市形象方面还应考虑如下几个方面：

一是情景再现大唐盛世的同时综合深化西安历史文化底蕴。大唐不夜城步行街通过对建筑、服饰、表演、商业等唐文化符号进行加工，以唐代元素为主线，打造出一个唐文化街区，突出历史文化特色，在现代城市再现大唐盛世。游客置身大唐不夜城之中，亲身感受到浓厚的唐文化，更加实际地体会到大唐的繁华。大唐不夜城不仅成为西安的旅游新地标，也成为盛唐文化的重要展示基

---

①凯文·林奇.城市意象[M].方益萍，何晓军，译.北京：华夏出版社，2001：12.

②刘易斯·芒福德.城市发展史——起源、演变和前景[M].宋俊岭，倪文彦，译.北京：中国建筑工业出版社，2005.

地，闻名遐迩。

重现大唐风貌的不夜城也以一种全视角的方式，深化着大众对现代都市西安历史文化底蕴的认知。长安是西安的旧称，作为十三朝古都，长安是中国古代历史上建朝数量最多的一个城市，历史韵味深厚。尤其在唐朝，长安发生了太多的故事，有武则天做女皇的开创之举，有霓裳羽衣的歌舞升平，有唐玄奘西行取经的壮举，此时的长安是中华历史上最繁华的大都市，也是世界上最负盛名的大都市。大唐不夜城中的雕像和表演等，都提醒着人们这些历史事件，不夜城的景观通过还原唐朝时期的繁华夜景，也在一定程度上唤醒了大众对古都长安的想象与向往。大唐不夜城将西安的历史文化底蕴以一种不同于教科书式刻板的形式生动地呈现出来，提升了西安作为历史古都的城市形象。

二是以现代都市的夜景呈现西安“夜生活”的文化特色。进入现代社会以后，灯光除了照明的实用性功能之外，还新添了包括装饰在内的观赏性功能。对于一座城市而言，灯光还可以展现一座城市的经济发展水平。从某种意义上来讲，城市夜景景观在一定程度上还向人们传达了一种文化。仅在西安市内，除大唐不夜城外，西安古城墙、高新区、西安浐灞生态区等地都向外界呈现了自身的城市灯光与文化表现。

作为发展旅游为主的大唐不夜城步行街，其夜景景观更能作为一张城市名片，向外界展示西安的城市形象。作为西安的夜景名片，大唐不夜城营造出了具有大唐气势的城市夜景景观街区，大量游客慕名而来，一睹大唐不夜城的风采。大唐不夜城景观营造主题鲜明，种类多样且生动形象，吸引了大量游客，展现了西安的“夜生活”文化特色。灯火里的西安，尽显传统与现代的融合。大唐不夜城步行街表演时间集中在傍晚7时至夜间11时，夜间旅游是休闲旅游的重要组成部分。夜间旅游景观的塑造一方面可以丰富当地居民的夜间生活，另一方面也扩大了外地游客的游览时长，可以推动当地旅游业的发展，提升当地旅游业的竞争力。除此之外，在城市形象塑造方面，城市夜景不同于白天人们观察到的景致，夜晚的灯光可以增强城市的现代感，彰显城市的内在实力。当然，为了进一步彰显西安“夜生活”的城市特色，大唐不夜城的夜景可以扩展到其他区域，尤其是周边区域。在夜景的共同作用下，展现西安的“夜生活”，从整体上彰显西安的魅力。

三是以古与今的完美融合打造数字现代都市文化。在大唐不夜城步行街，智能技术、交互技术的运用随处可见。智能照明能够在照明领域为游客提供更加舒适、有趣的观赏环境。大唐不夜城步行街地上镶嵌的具有现代科技色彩的灯光键盘，结合了灯光与音乐，提升了趣味性。除此之外，与环境相符合的路灯照明系统运用柔和的光线和富有设计感的“唐风”灯光形状，完美融合了古今。

大唐不夜城的舞台表演也颇具特色，舞台的智能化设计完美保障了“唐风表演”的舞台呈现。位于贞观之治雕塑北侧的长安故事舞台，运用LED屏幕和现代灯光，增强了舞台的现代感与设计感。古今的融合在民俗荟萃的舞台上展现得更加明显，演员在舞台上表演陕西秦腔，身后屏幕滚动播放秦腔特色短片，在声音和画面的共同加成作用下，呈现出一个融汇了古代传统与现代科技的舞台。除此之外，VR体验等一系列富有科技色彩的现代体验馆也亮相大唐步行街街头。同时，将现代商业与传统文化融合，也是大唐不夜城步行街融合古今的一大特色。位于大唐不夜城的大悦城商场是一个名副其实的现代商场，聚购物、娱乐和餐饮于一身。置身于大悦城商场内部，浓浓的现代感扑面而来。但科技、现代性仅仅是在部分景观中有所呈现，没有融入整个大唐不夜城景观的展示当中。无论是某些具有科技感的互动设计，在科技加成下的舞台表演，还是具有现代色彩的商城，整体上都缺乏进一步的古今融合。下一步，大唐不夜城可以尝试将现代元素与古代元素进一步融合，创造出一个具有整体古今融合特色的步行街。

四是街区联动发展共塑西安“网红城市形象”。西安“网红城市形象”的塑造，由点及面，由街区扩大到区域，再拓展到整个城市。

大唐不夜城首先作为一个古今融合的文化街区，塑造着西安古今融合的城市形象。在不夜城步行街的影响下，唐文化元素、夜景展现、科技元素一步一步扩展到临近街区，其中不仅包含古代风格，也尽显现代元素，进一步塑造了西安作为一座历史名城与现代都市融合的城市形象。

城市中的每一个街区都是整体城市形象的一部分，除了大唐不夜城、大唐西市、袁家村等具有传统文化意义的街区之外，西安还拥有量子晨潮流文化街区、叁伍壹壹城市文创街区等具有现代意义和现代色彩的文化街区。这些文化街区由点及面，在文化意义上也共同构建了西安古今融合的城市形象。因此，在城市的构建上，西安需要更多具有特色的文化街区，以及具有不同风格的文化街区。在这些街区的共同作用下，形成西安整体的城市形象。

四、结　语

中华文化源远流长，作为十三朝古都的西安在数千年之后仍然具有浓厚的历史文化氛围，并且因其独特性而呈现出独有的风格与文化。大唐不夜城因其独特的唐文化吸引了众多游客，充分展现了盛唐风采，它的景观建筑、纹饰雕塑、服饰饮食等都承载着大唐鼎盛时期的文化内涵。街区继承和发扬了地域文化，弘扬和延续了独特的城市文化魅力。它是夜生活的狂欢之都，也是盛唐文化的博物馆，更是西安走向世界的一张名片。同时，作为一项大型文化旅游项目，大唐不夜城的建设对于曲江文化产业区产生了重要影响。街区借助其特殊的地理位置，挖掘本区域的文化资源，由内而外地拓展文化影响规模，形成了一个巨大的内外联动的文化产业区。

如今，大唐不夜城文化街区仍在继续闪耀光芒，它为其他的历史名城指明了历史文化街区活化的有效路径和改造方向，既积极延续了本地传统，打造特色的文化符号，又不断拓展了文化内涵，赋予其新的生命力。今后，大唐不夜城的发展仍需充分考虑历史文化街区以及城市的地域文化和人文风貌，合理布局，将商业文化、历史文化街区以及文旅产业有机结合，实现文化历史与现代时尚的共生，探索可持续发展的历史文化街区形象。

第九章　“我们”的袁家村：民间文化的选择性传统及媒介表征

袁家村是陕西省咸阳市礼泉县烟霞镇的下辖村，位于关中平原腹地，是一个典型的中国传统村落。该村着力发展乡村旅游，丰富的业态和优质的服务让袁家村每年吸引着大量游客，并且汇集了1000多个创客在这里投资开店，吸纳就业3000多人，带动周边2万多农民增收。2019年，袁家村接待游客600多万人次，旅游总收入超过10亿元。本村62户286个村民，人均年收入超过10万元。[①] 这个传统的关中小村落，从曾经“寂寥没落”的“空心村”逐步变身“繁荣蓬勃”的“网红村”，并在其乡村文化经济发展过程中创造了许多个第一，造就了独特的袁家村发展模式，也形成了独有的袁家村文化现象，受到多个学科领域研究者的高度关注。

一、袁家村文化现象分析的多元化视角

现有研究成果显示，对袁家村文化现象的分析呈多元态势，主要聚焦在以下

①蔡馨逸.小乡村有大时尚——陕西袁家村的乡村振兴密码[EB/OL].(2020-11-13)[2021-07-01].http://www.xinhuanet.com/politics/2020-11/13/c_1126734914.htm.

几个方面：一是乡村振兴和乡村治理。黄鑫等人通过梳理袁家村1949—2019年旅游乡村治理的演变机理以及成功模式，发现良性的乡村治理模式需要内生动力和外生要素的共同作用，有效的旅游乡村治理需要构建“集体共治”模式和“动态开放”治理系统；①陈水映等人的研究分析了袁家村向旅游特色小镇转型的驱动因素，即在转型发展过程中，特色文化地方性建构和价值再生产始终发挥着主导力量；②吴冰、贾榕榕等的研究通过对袁家村居民的访谈资料和网络资料展开，分析了乡村旅游精英的权力是否会随旅游地生命周期呈现动态变化特征。研究结果表明，乡村旅游精英的“全局掌控权、制度制定权、空间生产权、声誉权、人情权与魅力权”处于动态演变中，旅游精英借助这六种权力通过复杂的内部机理带动村民致富；③马荟等人的研究在于探究熟人社会在村庄动员中的背景因素及其动员机制，认为乡村熟人社会的“熟人关系网、人情机制、面子观”具有增进信息对称、充当资源传输网络、鼓励先富带后富、维护村庄共识的作用，进而推动乡村内源式发展的实现；④裴璐璐与王会战通过对袁家村旅游助推乡村振兴的实践探析发现，袁家村已通过“产业融合促进产业兴旺，环境整治带动生态宜居，文化繁荣提升乡风文明，三治结合推动有效治理，发展共享实现生活富裕”的发展路径初步实现了乡村振兴。⑤ 二是乡村旅游及其可持续发展。崔琰从静态和动态两个方面对袁家村乡村旅游和谐度进行评价，针对不和谐影响因子提出了发展建议，以促进袁家村乡村旅游的和谐发展；⑥于全涛以关中地区发展

①黄鑫，邹统钎，储德平．旅游乡村治理演变机理及模式研究——陕西袁家村1949—2019年纵向案例研究[J]．人文地理，2020，35(3)：93－103.

②陈水映，梁学成，余东丰，等．传统村落向旅游特色小镇转型的驱动因素研究——以陕西袁家村为例[J]．旅游学刊，2020，35(7)：73－85.

③贾榕榕，吴冰．乡村旅游精英的权力维度及其阶段性呈现特征——以袁家村为例[J]．人文地理，2020，35(2)：142－151.

④马荟，庞欣，奚云霄，等．熟人社会、村庄动员与内源式发展——以陕西省袁家村为例[J]．中国农村观察．2020(3)：28－41.

⑤裴璐璐，王会战．旅游助推乡村振兴的内源式发展路径研究——以陕西省袁家村为例[A]// 2020中国旅游科学年会论文集　旅游业高质量发展[C]．2020：130－138.

⑥崔琰．陕西省礼泉县袁家村乡村旅游和谐度评价[J]．江苏农业科学，2014，42(2)：369－372.

乡村旅游较为成功的袁家村作为范本，分析和研究未来关中平原开展乡村旅游的可行模式和开发思路；①王硕通过分析袁家村旅游规划设计方法的成功之处，总结出当下民俗文化发展的优势、不足及相应的改进措施与发展战略；②李悦等人以袁家村为例探索美食旅游引导乡村振兴实施路径，在明确实施路径的基础上构建“产业发展体系－饮食文化建设体系－乡村治理体系－人才支持体系”四维模型，以此为理论基础归纳出袁家村美食旅游引导乡村振兴的启示。③ 三是特色小镇景区环境建设。 西安市城市规划设计研究院的一项课题结项研究成果显示，袁家村营造了原汁原味的关中古朴生活，将民俗文化贯穿于景观体系、产业构建、旅游功能之中，形成民俗文化凝聚下的品牌张力；④西安理工大学艺术与设计学院赵新平副教授指导学生通过对袁家村特色小镇景区环境现状和文化资源的解读及实地调研走访，对袁家村所处的关中地区进行文化特征的解读及符号化元素的提取，在遵循符号学理论应用原则的基础上加入关中地域文化特征，从标识系统设计的更高层面进行系统整合，明晰具有当地特色文化内涵且满足交互体验需求环境中传统导视系统设计，以及与导视内容相结合的智能化媒体界面设计，增强文化传达的功能。⑤ 四是袁家村的发展现状和品牌特点。 刘晓君等人利用网络爬虫获得的1384条有效游客评论，建构了袁家村“产业兴旺、生态宜居、乡风文明、建管结合、品牌理念”五大目标下的影响因素体系，分析认为休闲旅游村镇更应注重产业兴旺目标，基础设施建设与生态宜居目标正相关关系较为显著；⑥储德平等人通过对报纸相关报道进行高频特征词分析发现，袁家村作为乡

---

①于全涛. 关中地区乡村旅游探析——以礼泉袁家村为例[J]. 现代商业，2013(8)：164.

②王硕. 谈民俗文化旅游的开发和利用——以陕西省袁家村为例[J]. 旅游纵览，2020(19)：29－31.

③李悦，王新驰，张姣姣等. 美食旅游引导乡村振兴实施路径及启示——以陕西袁家村为例[J]. 美食研究，2020，37(3)：24－29.

④和红星，吴淼. 自我造血　规划助力——乡村规划在袁家村应用的启示与思考[J]. 城乡规划. 2017(1)：73－78.

⑤李雨一. 袁家村景区导视系统设计研究[D]. 西安：西安理工大学，2019.

⑥刘晓君，孙肖洁，胡伟，等. 基于文本挖掘的休闲旅游村镇发展路径研究——以陕西省袁家村为例[J]. 资源开发与市场，2020，36(12)：1421－1427.

村旅游的示范地，形成了以“袁家村”为品牌核心的人文资源、“三产”融合、管理模式的旅游地形象；①还有学者从经济学、产业发展等角度研究袁家村经济体的发展现状以及特色优势等。

综合梳理上述研究成果发现，相较于其他研究领域，关于袁家村文化研究的聚焦尚显不足，文化特别是民间文化只是作为其他问题研究中的一个方面，或者仅仅作为必要的论据出现，鲜有对其进行系统性的分析和研究。因此，对袁家村现象的研究，从民间文化的选择性传统及其媒介表征来解析，不仅是一条有差别意义的学术路径，也会为众多袁家村或袁家村家族在未来发展中更好地发掘民间文化价值、传承民间文化优良基因，更多地收获文化效益提供些许学术见解和思想资源。

二、袁家村的民间文化及其媒介表征

对于袁家村，无论是久居者还是新到者，都会对留存于此的一切有一种别样的亲切感。这里有小吃街、村史馆、古庙、寺院、陵墓、祠堂、戏楼、茶馆、酒肆、作坊、医馆、书屋，还有回民街、酒吧街、星巴克咖啡馆、特色客栈、民宿；这里保留着古井辘轳、磨面磨盘、马车牛车、驴拉磨子，还有大梁榨油、地窖酿醋、茶炉风箱、关中土炕；这里上演着秦腔、弦板腔、皮影戏，还有卡拉OK、蹦迪，甚至传统的俄罗斯马戏；等等。关中大地的农耕文化、饮食文化、民居文化、礼仪文化、戏剧文化以及古老的习俗文化等，都在这里有较为完整的保留、演化以及与其他文化的有机融合。所有这一切，在万物皆媒的时代，或以空间为媒介，或以实物为媒介，或以符号本身为媒介，或以人们的日常生活及社会实践活动为媒介，表征着袁家村人对传统民间文化的选择性留存和选择性创

①王兰兰，刘雯昕，储德平. 基于报纸媒体视角下的乡村旅游地形象研究——以陕西省袁家村为例[J]. 资源开发与市场，2020，36(8)：923－928.

新，以及所形成的一种新的选择性传统。

（一）以民俗文化街区为空间媒介，表征着文化公共空间的形成

袁家村关中文化街，是由多种不同文化功能区组成的集约型文化街区，每一个组成单元都有其独特的功能和意义。村里的康庄老街、作坊街、小吃街、回民街、书苑街、祠堂文化街、南货街等重要建筑均以关中传统建筑风格为主，一般采用砖木混合结构，老瓦覆于屋顶、细椽穿插粗梁、雕刻绘画古雅有致，具有十足的关中建筑文化的符号特征；传统小吃、关中茶楼、秦腔戏台、皮影表演、婚礼再现、非物质文化遗产展示、民宿、客栈等，形成了以传统民俗为核心的关中文化符号展示系统；菜籽油加工车间、腐竹作坊、酸奶加工作坊、油泼辣子加工作坊、粉条加工车间、铁器加工车间、优质农产品基地等，展示了农业与文化、旅游与经济融合发展的乡村振兴创新模式；现代化停车场、观光小火车、观光农场、旅行者营地、精品客栈、客运公司等，传达了全要素、全方位、精细化提升公众体验的服务宗旨；艺术长廊、酒吧一条街、蜡像馆、星巴克体验店、小清新奶茶店、陕拾叁网红店；等等。这些组成单元共同建构了个性化、高端化、时尚开放的现代化乡村形象。

对于由多种元素、多种功能有机组合而成的袁家村关中文化街，可视其为系统性和整体性空间媒介，并由此表征着一个公共文化空间的形成。在此文化空间里，作为文化载体的既有物质性的街道、建筑、店铺、陈设以及诸多景观，也有老百姓的日常生活方式，以及以民俗文化、民间艺术为代表的社会文化实践活动等，使得在此地生存的人们那种独有的传统习俗、审美情趣、价值观念，以及在此基础上形成的那种特定的文化心理结构和文化精神都得到充分的展示。所以，经此空间媒介，人们接收到的不只是乡村建筑的躯壳，更多的是它所承载的独特的文化；而且，在此空间里的人与物，或者说在此空间里人的社会实践活动及其所依托的一切都是“活”的文化遗产。

（二）以丰富的传统美食为媒介，表征着文化信码的普遍共享

在袁家村关中民俗文化展示的开放式街区中，各类传统美食应有尽有。这不仅仅是袁家村文化的典型性代表之一，是记录、承载、传递文化的重要物质形态，同时也是一种具有显著性的标志性符号。研究者在调查走访中了解到，袁家村乡村旅游的初始阶段并没有小吃街，而是三年后为应对客流量剧增、农家乐供给不足且同质化严重的问题，才将“乡村旅游 + 小吃一条街”模式推出。五年后，在客流量超过百万且加速度增长的情况下，小吃街从原有的乡村旅游附属品转型变身成为“主角”，成为袁家村旅游消费的一大热点和亮点。

传统美食何以独占“C 位”？就是因为它是最具社会性的文化品类，具有最广泛意义上的普适价值，文化的共享性也表现得最为突出。换而言之，这里的美食是文化共享的载体与媒介，并于无形中成为一个表征系统，其核心功能或已不再是为了满足人们果腹等低层次的物质需求，其中裹藏着丰富的文化信码，向所有来袁家村的人们传递着共同的价值：吃的是“妈妈的味道”，感受的是“家乡的氛围”，看见的是“小时候的场景”，聊的是“记忆中的话语”，同行者是“儿时的玩伴”等。这种融入文化和情感的美食能够引起强烈的情感共鸣，回味的是乡情，寄托的是乡愁。正如雷蒙·威廉斯所强调的，社会性的“文化”是对一种特殊生活方式的描述，这种描述不仅表现艺术和习得中的某些价值和意义，而且也表现制度和日常行为中的某些意义和价值。①

（三）以显性物品为媒介，表征着新旧贯通的文化情感

在袁家村，有许许多多的显性物品和传统美食一样，也是其整体文化系统中的重要组成部分。在村里，人们经常会为一些小物件感到惊讶，如标识、标牌、

①张劲松，唐筱霞．文化是一种整体的生活方式——解读雷蒙德·威廉斯的《文化与社会》[J]．内蒙古社会科学（汉文版），2013，34（4）：22－27．

产品包装、文创产品、特殊指示牌、烟灰缸、垃圾桶、传统秋千、改装马槽、老旧架子车等，这些老物件以及由老物件改造之物，在这里也有不凡之意。

按常例，许多老物件常常被认为是没有任何实用价值的“死文物”，或已丧失了自我更新的内在生命动力，或已失去了文化传承的外在活力，至多在一些地方成为一件可有可无的简单装饰品，未必能够产生多么深层次的影响。然而在袁家村，老物件往往会焕发出新的生命光彩，通过时空延续、功能置换、空间重组、符号提炼等手法，将民俗展示、文化展览、传统再现等功能嫁接，创造性地将旧车轮改装成吊灯，将马槽改装成茶几，将车架改装成桌子等。此情此景中将关中民俗元素铭刻记载的方式和方法，不仅赋予这些老物件以新生命，让老物件扮演起当下生活的新角色，也使人们真真切切地感受到这些老物件的新活力，勾起人们内心深处的记忆，加深人们对老乡村及其乡村文化的情感投射。

（四）以多种潮流元素为媒介，表征着当下时代的文化特征

袁家村是民间文化、民俗文化的载体，是关中民俗的活化石，更可谓是乡村振兴的典范。它在全面呈现传统特色与地域文化的同时也不乏多元的时代文化色彩，主流文化、时尚文化、网红文化、潮流文化等当下时代的文化类型在这里交相辉映。

袁家村在其整体文化建构中非常重视富有时代特征的文化建设。在新中国成立70周年之际，袁家村设计制作的庆祝海报别具一格，在祝福祖国盛世华诞的同时也不忘展示袁家村的本土文化特色，如“厉害了我的国 I LOVE CHINA”系列海报、“中秋国庆　举国同庆　国运昌盛生祥端”系列海报等。在抗疫期间，“疫情防控　袁家村一直在你身边”系列海报，“光盘行动”系列海报等，都说明袁家村在中国特色主流文化建设中的角色担当。当然，在袁家村还能看到其他具有当下时代特征的文化符号，诸如像星巴克这样的都市文化符号，像陕

拾叁油泼辣子冰激凌这样的网红文化符号，像咪哒唱吧亭这样的非主流文化符号，像西西酒吧这样具有西方品位的“夜色”文化符号，等等。

这些文化类型和文化符号似乎与袁家村的传统文化定位有些不相协调。但是，在一个系统性建构的文化街区中，让每一类文化在特有环境中，并在文化共通性与共享性的基础上构成类型化的、特色化的、小众化的文化，从而形成一个又一个亚文化圈，由此汇集成各种文化潮流，传统文化在一股股潮流的裹挟下“搭车”顺载、传输、送达，又何尝不是一种文化繁荣？

（五）以乡村社会实践活动为媒介，表征着乡村文化活动新活力

需要强调的是，各种类型的文化在袁家村并不是一种抽象的概念，而是以实实在在的文化产品和文化商品为载体：乡村生活本身就是文化产品，乡村生活体验就是文化消费活动。

这样说来，对文化实践活动和文化产品不断地推陈出新，关乎能否持续保持袁家村特色文化的生命力和活力问题。为此，袁家村时常有名头响亮的新概念再造行为并经常策划一些形式新颖的文化活动，用以扩容具有创新性的文化产品。例如“胡想大学”概念的提出、“袁家村大学生造物节”活动的策划等。2019 年 5 月 5 日，袁家村策划举办了“中国街画艺术节”，单日即吸引了 22 万的人流量。① 当代艺术遇到关中民俗，不仅将时尚化、青年化、当代化融入历史悠久的乡村文化，还为袁家村民俗文化增加了新的艺术元素。在为艺术家搭建展示多元文化平台的同时，也为艺术赋能乡村振兴、文化创业以及民俗旅游再升级提供了难得的机遇。通过关键词分析游客的留言，能够直观感受到此次“袁家村 + 艺术节”在文化表达方面的实际效果（图 9 – 1 至图 9 – 4）。

---

①胡想大学. 袁家村印象|被 22 万人海点燃的中国街画艺术节背后，这群共创方都经历了什么！[EB/OL]. (2019 – 05 – 11) [2021 – 07 – 01]. https://mp. weixin. qq. com/s/nimSe – 5gGJNb5mv3IwiGqw.

图 9－1　游客对袁家村感受关键词词云

图 9－2　游客对艺术节感受关键词词云

图 9－3　游客对艺术节认知关键词词云

图 9－4　游客对“袁家村＋艺术节”评价关键词词云

三、感觉结构的文化符号表征

据统计，截至2020年年底，在抖音这个数以亿计的公域流量池里，以“袁家村”为话题的视频播放量达8057.5万次，以“礼泉袁家村”为话题的视频播放量为380.7万次，以“袁家村袁家村”为话题的视频播放量为110.7万次。① 2021年“袁家村官方”微信公众号发布的关中年系列活动包含了“逛庙会、赶大集、看社火、放烟花、游艺会、吃年饭、围篝火”等系列活动，其中《这才是我心里最想过的年》这篇公众号文章阅读量达3.6万，精选留言100条。② 在这些网络效应暴涨的症候群背后，更应挖掘的是袁家村独有的文化符号所表征的那种深潜的感觉结构。

英国文化学家雷蒙·威廉斯认为，文化在最基础的层面上是“一种特殊的生活方式”。为此，文化分析需要把握一个社会的文化在某个特定时期里稳定的结构性存在，即“感觉结构”。③ 袁家村是否有这样一种稳定而明确的结构性存在，并在其特殊的生活方式中体现出来呢？换言之，在何种感觉结构的框限下才使得袁家村形成如此这般的地域文化、历史文化、民俗文化、农耕文化等。这一切，只能从现有的文化符号表征中去找寻。

（一）历史记忆的文化表征

历史是文化的沉淀物，文化是历史的活化石。袁家村民俗文化街区可以说复制甚至是复活了历史记忆：青砖灰瓦勾起了人们怀古思幽之情，老物新用展示了传统民俗的独特魅力，手工作坊实现了人们感受尚未远去的历史遗风等。还

---

①抖音2020年数据报告显示，截至2020年8月，抖音日活跃用户突破6亿，截至2020年12月，抖音日均视频搜索次数则突破4亿。

②及物心.这才是我心里最想过的年[EB/OL].(2020-12-30)[2021-07-01].https://mp.weixin.qq.com/s/LcPvCrXMe-R_vFEmZ3d_-Q.

③Williams, R. Politics and Letters[M]. London: Verso, 1981:164.

有，袁家村所有的“关中印象体验地”，将历史遗存在关中民间生活形态中激活，不仅存留其中而且是存活其中，不仅是关中文化的见证者，更是作为关中文化的被体验者而存在。

袁家村村史馆通过文字、图片、图像、实物等方式翔实地记录着“关中文化”的塑造过程。据村史馆资料记载，袁家村虽然身处关中腹地，但是土地贫瘠，旱涝不收，且多是外来迁徙户聚集之地，在漫长的历史岁月里从事着日出而作、日落而息的传统农耕生活。相传在明永乐年间，袁世臣、袁世官、袁世勋弟兄三人从云南迁至原陈家庵西边落户，定名袁家村。兵荒马乱的年月，受土匪袭扰，陈家庵大部分人投亲靠友，只剩二十来户。因为地势西北高、东南低，地貌分为南部台塬和北部丘陵沟壑区两大类。袁家村也是陕西礼泉最贫穷的村庄之一，20 世纪 60 年代后期，袁家村有过一段艰苦创业拔穷根的岁月。1970 年冬，24 岁的郭裕禄出任第 36 任队长，此时的袁家村全部集体财产折合人民币价值只有 5000 元。穷则思变，郭裕禄带领大伙儿挖坡、填沟、平整土地、打井修渠，粮棉产量逐年翻番，村民的基本生活问题得以解决。改革开放以来，袁家村插上了腾飞的翅膀，除了传统水果种植业，又有了工业、商业、旅游业，袁家村经济朝着多元化方向发展。20 世纪 80 年代，袁家村村办企业在最鼎盛时期达 20 多家，除了在村里发展以外，在省城西安也搞过房地产、影视公司、制药厂，村民开始走上致富之路。

进入新世纪后，由于经济结构转型，村办企业逐渐遭遇竞争性淘汰，袁家村的经济发展遇到了瓶颈，随着村里年轻人、有能力者外出闯天下，袁家村逐步从一个经济明星村向“三无”空心村退化。也正是在这个时候，当地政府为破解农村空心化、农业边缘化、农民老龄化“三化”症结，提出加快实施“旅游兴县”战略，探索民俗游、文化游、乡村游融合发展的兴县强村富民新路径。袁家村作为首批试点村，从自己的实际情况出发，以村民的日常生活为抓手，以乡村的传统习俗为支撑，尝试走具有自身特色的发展之路。2007 年，袁家村以留住乡愁、恢复关中民俗、重建乡村生活为切入点，以传统老建筑、老作坊、老物件、老习俗等物质文化和非物质文化遗产所代表的关中民俗文化为内涵，以当地农民参与经营和乡村生活一体化为特征，开始在原村落基础上进行关中民居建筑的复古改造，打造具有仿古特色的青石板路、青砖灰瓦风格的康庄街、村史馆等集民俗文化、农耕体验、休闲农家为一体的关中文化印象体验地。让农民在自己家里办农家乐，让游客在康庄街、村史馆体验关中农耕以及农业工艺传统文化，将真实的、活生生的、原汁原味的关中风俗民情展示给游客，形成村是景区，家即景点，村景一体、全民参与的体验式旅游景区，充分满足都市居民和游客寻找乡愁、体验民俗，感受独特乡村生活的需求，迈出了袁家村发展乡村旅游第一步。①

袁家村村史展览不仅浓缩回放了袁家村的历史，也犹如一条文化纽带，让历史和未来紧密联系在一起。因为有了文化的再现，袁家村作为关中民俗文化载体，其一砖一瓦、一草一木、一人一事、一言一行都成为历史记忆的物质载体和文化表征。

（二）关中民间生活的文化表征

在某种意义上，袁家村与关中民间生活已经彼此渗透并互为共享信码。经过袁家村设计者的主观赋义和感受者的长期意指实践，人们只要接触到这两个语言符号中的任何一个，都会清晰地解析出另外一个。袁家村的生活就是关中生活的真实写照，袁家村的关中印象体验地也就是关中生活的场景再现。比如建房，关中农村称呼为盖房。按传统惯例，关中农村盖房通常先用土坯垒墙，再用麦草泥糊墙，最后用白土泥水刷墙，经如此几道工序整饬，房屋虽为土墙，却干净整洁，结实耐用。现如今，袁家村仿古民居内饰上依然采用传统的白土泥水粉刷，就连锅灶也是仿照传统土坯搭建的。这种日常生活设施的设计与建设能够让人设身处地感受到原汁原味的关中乡村文化。再如，在现代生活中失去基

①袁家村村史馆陈列的宣传资料详细记录了袁家村的历史变迁。

本作用的传统油坊、布坊、醋坊、酒坊、茶坊、面坊、辣子坊、豆腐坊、醪糟坊、腐竹坊等，在袁家村却仍然采用最自然的生产原料，按照古老的生产程序，依照固有的生产节奏，周期性地生产出地地道道的“老”产品。在康庄老街的一面土坡下，一头毛驴、一个石磨盘、一个农家妇女，连带着将碾好的辣子用滚烫的菜籽油一泼，满街飘香，这是美食，也是乡愁；在农家屋舍摆放着传统的生活用具和农具，轱辘车、架子车、碌碡、碾子、打场用的尖叉、扬场用的风车，这既是风景，又是回忆。所有这一切是惯常的生活，也是传统文化活泼泼的延续。

袁家村的设计者把乡村的传统习俗和村民的日常生活作为资源，以村民为主体，以村庄为载体，以恢复关中民俗来重建乡村生活。原汁原味的关中民俗生活化作旅游吸引核，使得“土里土气”的原生态农民生活成为文化旅游产品，形成乡村旅游的独特品牌。袁家村就是景区，村民的寻常生活就是文化，村民一张张朴实真诚、生动活泼的面孔就是关中文化最好的表现载体。

（三）关中民间社会性格的文化表征

某种意义上，袁家村文化是历史记忆的再现和关中传统生活的传承，在更深层次上应该是关中人心性结构和社会性格的文化表征，是关中人在长期的共同生活方式和相同的生活经历基础上形成的为大多数人所共有的性格特征，也是内化在“袁家村人”身上所表现出来的典型的、稳定的心理特征。

有学者认为，关中人心性结构应该是守土、恋家、务实与本分。① 这一点，在袁家村体现为村民自治和诚信经营。袁家村在管理运行上依托村民议事会、村民理事会、村民监事会、实习村主任活动和行业协会组织，以村民为主体，采取农户经营与协会组织相结合的自治管理模式，设定政策宣传岗、环境卫生岗、矛盾调解岗、技术服务岗、维稳巡逻岗、财务监督岗六个岗位；成立小吃街、回民街等六个协会组织，让农户自主参与经营管理，村两委、协会组织全程指导、

①徐健生. 基于关中传统民居特质的地域性建筑创作模式研究[D]. 西安：西安建筑科技大学,2013.

监督和服务，建立“大事一起干，好坏大家判，事事有人管”的村民自治管理机制；全村农户每天轮流自行组织经营巡查小分队，早晚两次对店铺进行检查，形成了“自我管理、自我教育、自我服务、自我监督”的共治共享制度。此外，袁家村还建立起命运共同体集体观念，共同打造“诚信做事”团队文化，让传统的关中“发誓”承诺成为商户诚信经营的自觉行动。小吃街粉汤羊血经营户老板吕伟在店门醒目位置悬挂“如果羊血掺假，甘愿祸及子孙”承诺牌，类似的“老土”标识标牌在袁家村商铺随处可见，既体现袁家村讲求诚信的决心，也是关中人“生、冷、倔、噌”性格①的外在体现。

雷蒙德·威廉斯强调，文化是一种整体的生活方式，②是人类完善某些绝对或普遍价值的过程，文化分析在本质上就是对生活中被认为构成一种永恒的秩序，或与普遍的人类状况有永久关联的价值的发现和描写。③在漫长的人类历史发展过程中，尚德就是永恒的精神品质，在人们生活中也是绝对的普世价值。袁家村文化内涵里蕴藏的德治成分，把村民所接受的最淳朴、最原始、最有魅力的乡村传统文化赋予新时代道德约束新内容，用这种进化版的民俗乡约培育村民的诚信经营观念。具体实践上，每周一坚持举行袁家村例会，村两委成员及各协会组织成员将政策理论学习与忆苦思甜、感恩等结合起来，让村民、商户上台讲述自己的创业史以及袁家村的发展史，公开评议经营中的好人好事，及时纠正不道德行为；创办“袁家村美丽乡村建设培训中心”“袁家村乡村振兴学院”，开办“袁家村乡村旅游培训学校”“袁家村‘三农’工作村干部培训学校”；设立明理堂，开辟“新乡贤带头人”示范栏，用身边好人、道德模范、优秀村干部教育引导群众，培育“明理、感恩、自强、诚信”的“袁家村主题文化”。

在特殊的地理、人文环境中，经过长期社会文化实践活动所沉淀的关中人性格特征，在袁家村所建构的文化语境中被再次赋义，并形成具有时代感的精神品

①李满星.陕西冷娃“哐”实活[J].丝绸之路,2007(12):32-34.

②雷蒙德·威廉斯.政治与文学[M].樊柯,王卫芬,译.郑州:河南大学出版社,2010:122.

③雷蒙德·威廉斯.漫长的革命[M].倪伟,译.上海:上海人民出版社,2013:67.

质和迭代升级版的淳厚民俗，使现代意义上的法律规则潜移默化地转化为公序良俗的法治文化，通过这些文化符号和传播载体的塑造，也成为人们心目中乡风文明与精神家园的代名词。

（四）开放包容的文化表征

任何一种文化要想得到生存和发展就必须是开放的，袁家村所代表的关中民俗文化亦是如此。在坚持传统文化特色的基础上随着时代的变化和社会的不断发展，也在不断地进行着自我革新和有效融合，不断地吸收其他各类文化的积极因素，并对其进行批判地继承和借鉴。

袁家村的开放包容首先体现在政治上的高屋建瓴。文化不仅存在于生活方式和乡村民俗中，而且在国家制度和意识形态中寻求意义、价值和创造性人类活动记载，这既是自我开放的标志，是时代特征的显现，也是永续发展的必然选择。袁家村 2020 年立足博鳌论坛、放眼全国乡村振兴，参与策划了国内规模最大的文旅融合文创跨界国际化论坛——博鳌文创周活动，主持举办“振兴之土”主题论坛，邀请行业内一线“大咖”从产业、人才、内容等维度为乡村振兴助力，邀约乡村实践者们以共创形式，融合文旅各界观点，打造“振兴之土”的实操解决方案。① 同时，袁家村发布了中国首份乡创地图，该地图由 SMART、袁家村、中国梁漱溟乡建中心于 2018 年共同发起，助力乡村振兴的中国发展方案与路径，聚合乡创顶级资源，直指乡村资源产业重构，从“内容 + 人才”层面，全方位赋能乡村振兴落地执行力，助力乡村振兴和六产融合②、农业与金融整合，实现乡村内发展的集成创新，开创乡村振兴立体循环新动能。

袁家村的开放包容还体现在对外生产经营上的推陈出新。袁家村如果只是

---

①袁家村官方. 振兴之土 2.0，袁家村来了！|2020 博鳌文创周[EB/OL](2020 - 10 - 29)[2021 - 07 - 01]. https://mp. weixin. qq. com/s/4rRwqYavJuV - 8VK - 1DIzGw.

②六产融合是指“第一产业、第二产业、第三产业”与“小农经济、传统手工业、现代服务业”的多元深度有机结合。

简单的民俗体验，依靠初级版的活动载体开展乡村旅游很难留住游客。从2010年开始，袁家村将发扬传统文化精髓与发展旅游业、打造农民创业平台作为促进乡村旅游全面、协调、可持续发展的重要举措。通过以艺术长廊、书屋客栈、咖啡酒吧、创意工坊等新业态和文创青年、时尚达人参与投资经营的新业态为特征，进一步拓展和延伸农业经济、文化经济，大力弘扬关中传统村落中建筑、美食、客栈、祠堂等特色文化，增加和丰富景区业态项目和体验功能，借助国家政策搭建农民创业平台，精心设计打造民宿和精品客栈、酒吧街、艺术街、高空漂流、旅者营地、大观园等项目，成立袁家村文创产业联盟、全国百村联盟。袁家村2020年年终总结资料显示，通过一系列开放性的举措，当年成功吸引了1000多名大学生创客，以及一批青年创业团队、文化企业、广告公司、建筑设计师在袁家村投资、开店、做生意，2983名“新袁家村人”长期在这里生活工作。①

袁家村的开放包容也体现在战略上的进城出省。目前，袁家村在已经具备相当强盛根基的基础上，正处于更进一步的活跃型和进取型的发展壮大时期。从2015年开始，实施“一村带十村”进城出省战略，以“农民捍卫食品安全”为抓手，整合绿色健康食材，进军城市高端商业综合体，让健康美味的关中传统小吃和优质食材融入城市消费市场，在西安、咸阳、宝鸡等城市建设体验店16家；创新运用袁家村发展理念和运营管理模式，整合人才、资本和市场资源，与当地政府和企业合作，输出袁家村品牌和商业模式，通过强强联合，优势互补，先后成功打造青海河湟印象·袁家村、河南同盟古镇·袁家村、山西忻州古城·袁家村、海南博鳌印象·袁家村等具有地方特色的民俗旅游体验地，使“袁家村”品牌走向全国，逐步拓展袁家村在全国的品牌战略布局。

从关中腹地到国际化大都市，从偏远乡村一隅到入驻现代商业综合体，从三秦大地到走向全国，袁家村文化的开放性不仅体现在其经营发展理念中，更是生长于斯、传承于斯的关中人精神的体现，诚信本分但不安于现状，思乡怀旧但不

①冯萌.七十年熔旧铸新　看今朝最美乡村[N].咸阳日报,2019－10－15(1).

沉迷于过往，追求经济效益但不忘恪守文化价值。无论是赋予现代意义的传统文化符号，还是具有时代特征的新型文化表征，都是对袁家村“关中印象”这个能指所能阐释的文化概念，也是袁家村文化意指作用所要表达的意义，更是袁家村文化有效传承的内在生命动力。

四、关中民间文化传统的有效选择

关中民间文化之所以能够在袁家村得以持续传承，就是因为在这里赋予了它特殊的生命力，即将有历史、有内涵、有特色的关中传统文化，以乡村文化旅游为载体实现了传统文化的刻录、赋义、再造、创新与传输。从纵向来看，它是关中民间文化在线性历史发展中的传承过程；从横向来看，它又是不断充实、不断变化、不断发展中的民间文化自身扩展的过程。综合观之，它是特殊时代背景下的“一种特殊生活方式”现实且具体的呈现。所有这一系列过程及其结果，是由袁家村人在有目的的选择性文化传统之中，从关中民俗中选择出具有社会意义、文化价值和市场潜力的文化符号并加以再塑而得来的。

（一）袁家村民间文化传承的自我选择

袁家村当下发展的基本状态就是关中民俗文化在自我选择过程中呈现出来的样态。它以博大精深的关中民俗文化为依托，通过“文化＋农业＋旅游”融合发展模式的创新运用，将挖掘传统文化精髓与发展旅游业、打造农民创业平台作为促进乡村旅游全面、协调、可持续发展的重要举措，巧妙地把关中传统建筑、作坊、老物件与关中民俗文化相结合，深耕农业、文化、旅游的有机融合，形成关中民俗游之“袁家村”品牌。让健康放心的食材、美味的传统小吃、本真的文化体验走向来宾、走遍中国，为新时代乡村振兴战略探索出一条“以文化铸魂塑形，引领全面乡村振兴”的共同富裕新路子。

任何民俗文化的传承都会有不同程度的变化和发展。在传统民俗文化选择性传承的社会文化实践过程中，常常是具有普遍意义和普适价值的东西会经过选择性改造和创新，存留并运行于新的文化实践活动及其成果之中。作为特定文化实践单位的袁家村，在其社会历史传统中展示的民俗文化所体现出的意义是普遍的，即经过自我淘汰所沉淀下来的“当下传统”能够被人们所理解、所掌握、所享用时，也将会在很多情况下获得充沛的生命力和可延续性。在这一点上，仅从袁家村品牌的接受度和广泛影响力，就足以说明它通过一系列文化表征系统所建构出的意义表达体系，与人们心目中形成的共同价值判断体系的高度契合。

（二）袁家村民间文化传承的市场选择

在袁家村发展过程中，市场无疑是其导向之一。如何把袁家村打造成经营场所，如何把村民培养成经营主体，如何把关中传统的生产生活方式转化为旅游资源，如何使农副产品成为高附加值的旅游产品，如何让特色民俗生发为高利润率的文创产品等，都需要经过市场洪流的涤荡。有数据表明，凡是袁家村人开发的与本地乡村生活相关的产品，其市场表现均为优良，如袁家村的油泼辣子就是备受游客青睐的产品。小小一瓶油泼辣子既能使人品味到乡村生活的热辣，也能让人感受到关中民间文化的深层韵味。文化的价值叠加使得该产品具有不俗的市场潜力。为此，袁家村顺势建起现代意义上的加工作坊以扩大油泼辣子的生产能力，使之逐步实现产业化生产，从一开始的年营业额不足 10 万元增加到 2018 年营业收入实现 800 多万元。酸奶也是袁家村销量最高的明星产品，由于最初的小作坊难以满足快速增长的市场需求，他们便选择和乳品厂家合作走产业化之路，产能和产量不断增加，仅 2018 年，袁家村酸奶的销售额就超过 3000 万元。① 这些数据和品牌形象再一次证明了袁家村的核心价值是乡村生活，袁家村的核心竞争力是传统的关中民俗文化，袁家村的核心发展战略是逐步迈向现代产业化。

---

①数字来源于袁家村党支部书记郭占武在 2020 博鳌文创周袁家村振兴之土主题论坛上的讲话。

作为“乡村政策实践者和乡村生活方式缔造者”①，袁家村人充分认识到文化禀赋、经济刺激、情感加持、政策引领、现代商业等综合作用所显现的成果，使其走上新的发展之路。为此，立足于现有发展基础并在其他省份打造出不同地域文化背景的“袁家村”，是市场导向下让袁家村效应走向外面世界的又一选择。例如，河南袁家村就是袁家村通过深入挖掘当地中原文化，将民俗、文化、生活习惯等地域特色元素整合起来，实现游客只要想看本地民俗就找本地袁家村的目标，袁家村亦成为当地民俗文化的代表符号。

（三）袁家村民间文化传承的受众选择

受众在传播学领域指的是信息传播的接收者，具体到袁家村民间文化传播情境，就是到访者或者旅游消费者，他们既是文化产品的消费者，同时也是文化信息的接收者。与一般意义上的文化旅游产品不同的是，袁家村人打造的文化产品的内核是乡土情结与乡愁记忆，所引发的是人们的心理感受和情感共鸣。因为，在数十年加速度的城市化进程中，越来越多人离开祖居之地，四处讨生活求发展。在巨大的人口迁徙过程中营造的那个“隐形的中国”中，②城市与乡村之间、想象的故乡与现实的故乡之间形成了一个若即若离的情感共同体，无论在文化上还是心理上，变动中的秩序不时地拷问着人们应该如何安放自己的那份乡愁。故而，像袁家村这样以消解乡愁为目标指向的乡村旅游项目在关中大地四处开花，如马嵬驿、周至水街、永兴坊、白鹿仓、茯茶小镇、诗经里、文安驿、重泉古城、庵嶺古城、和仙坊民俗文化村、白鹿原民俗文化村等。营销乡愁，有些实现了不断丰富文化内涵的目标，但也有一些因一味追求经济效益而忽略了其文化内核，其结果要么像袁家村一样健康发展且越来越多元化，要么像许多民俗

---

①李彬. 解密袁家村 乡村振兴模型的“制造者”[J]. 当代陕西,2019(11):18－21.

②李洪兴. 还乡笔记里的乡愁共鸣[N]. 人民日报,2015－02－27(5).

文化村一样形象坍塌并最终销声匿迹。因为，经过特殊场景和氛围营造的乡愁既是一种情感，也是一种文化，既是人们与过去古旧生活的深情对话，也是对文化传统的继承与守望，没有文化内蕴的单纯消费必然缺乏持续生命力，更无法唤起受众心中对乡愁的追忆。

袁家村人深入挖掘关中民俗文化精髓，通过创造性转化并融合现代元素，发挥出其强大吸引力和巨大影响力。对袁家村微信公众号的文章进行文本分析后发现，其选题策划和行文表述经常能引发受众的情感共鸣，如2020年12月31日发布的《这才是我心里最想过的年》一文，引发网友有关年的深情回忆，纷纷留言表达自己心中的年味。@人生如初见：小时候，年的感受是妈妈新买的衣服，爷爷发的压岁钱，姐弟五人放的鞭炮，小叔给孩子们拍的照片，和爸爸一起贴的对联，全家人吃的一顿团圆饺子；长大后，年的体会是奔波在外渴望回家的心，是给亲人祝福的话语，是陪在家人身边的温馨夜晚。年还是年，可是年却不是记忆中的年了。@Myself：袁家村是唯一百去不厌的农家乐，作为地地道道的礼泉人，总爱去袁家村找找儿时的回忆，亲切又美好，乡村又时尚，真不愧关中之瑰宝。

一篇关于年味的公众号文章，牵出如许款款深情，可视为袁家村“议题设置”的成功之作。细究之，这种认可度来自于关中民俗文化的“符号表达”，来自于不同受众个体之间的“情感共享”，更来自于深层文化结构影响下文化共同体的文化心理。

（四）袁家村民间文化传承的时代选择

袁家村输出的关中民俗文化自有其历史性、开放性和创新性，也取得了一定的经济效益和社会效益。但是，只有这些驱动力还不足以实现广为传播的效应，更不可能成为更高层面的典型和标杆。袁家村人勇立时代潮流，践行共同富裕之路的时代愿景，使其成为新的时代条件下实现乡村振兴、走向共同富裕康庄大道的必然选择。

共同富裕是中国共产党人向全体人民的庄严承诺，也是建设具有中国特色社会主义现代化强国的最基本目标。袁家村人认为，一村富不是富，全民富才是真正富。袁家村2019年旅游接待总人数580万人次，旅游总收入超10亿元，村民年人均收入10万元。袁家村还通过统筹周边10余个村庄的产业合作，带动周边数万名农民增收，实现了村域经济和社会转型，成为全国乡村旅游和乡村振兴的标杆。① 进入新时期，袁家村把乡村旅游作为履行脱贫攻坚社会责任的突破口，通过“旅游+扶贫”带动周边乡村200户、611名贫困人口脱贫致富，实现了产业兴旺、生态宜居、乡风文明、治理有效、生活富裕，探索出破解三农难题、实现乡村振兴的新路径。② 也因此，袁家村先后被评为“中国十大美丽乡村”“中国十佳小康村”“全国文明村镇”“国家特色景观旅游名村”“中国乡村旅游创客示范基地”“全国一村一品示范村”“国家4A级景区”等。

这些成绩和荣誉既是对袁家村发展成就的肯定与褒奖，也是对其践行新时代乡村发展理念的政治赋义，并进一步彰显了这种针对民间文化所生发的时代新气象凝结而出的长久生命力及其深远的文化影响力。

五、结　语

袁家村现象以及袁家村品牌业已成为一个独特的文化文本。从对此文本的分析和解读中可以较为清晰地发现，在袁家村物质的和非物质的媒介载体及其表征系统中，历史悠久的关中民间文化所呈现出的特殊意义及其所焕发出的时代光彩。由此，可以使人们深刻地意识到，民间传统文化的选择性传承，既能为新时代的人们建构一种特殊的生活方式，也最终将这种选择性传统动态地适应于当代社会的变革，并为人们的美好生活提供一种新的建设路径。

①吕贵民.袁家村里的人气又旺了[N].陕西日报,2020-03-26(11).

②杨小玲.袁家村：创新实践助推乡村振兴[N].陕西日报,2020-10-02(2).

后 记

在完成《公共空间的媒介表达》之后，我们接着将媒介文化研究的焦点转移至文化街区及其媒介意义方面。将此关照对象置于媒介文化的视域之下予以阐释的学术探索，对我们研究团队而言可谓是全新的挑战，好在我们如期完成了自己的思考并交上了答卷。本次研究任务得以顺利完成，是整个研究团队共同努力的结果。从选题策划、实地调研、提纲讨论、内容撰写到数次修改直至定稿，大家在工作中锻炼成长，也在研究中感受着充实和快乐。团队成员有：王睿琪、胡若涵、朱童、武璇、邱卓琦、马云阳、李聿婧、陈丹、李梦园、尹姗、王小娟、祝孟、包霖、王佳玥、贾云清、杨茹茹、王月文、赵梵慧、王姝雅、郝瑞婷、陈君尧、白杰、王利民。

感谢世界图书出版公司赵亚强和符鑫的精心编辑与审校，有了他们的辛勤劳动，才让本书以现在的面貌呈现在读者面前，在此谨表达我们由衷的敬意和谢意！

作者

2021 年 11 月